예수님의 사람 1

예수동행훈련 시리즈 ❷

# 예수님의 사람 1

유기성 지음

| 인도자용 |

예수님과 동행하는 삶으로 인도하는 제자훈련
Walking with Jesus

위드지저스

나는 포도나무요 너희는 가지라
그가 내 안에, 내가 그 안에 거하면
사람이 열매를 많이 맺나니
나를 떠나서는 너희가
아무 것도 할 수 없음이라

요한복음 15장 5절

# 제자훈련 인도자에게
## 드리는 편지

교회에서 섬길 일이 참 많지만 가장 귀한 일이 교인들을 예수님의 제자로 세우는 일일 것입니다. 그것은 예수님의 사역이기 때문입니다. 예수님께서 공생애 기간 동안 책을 쓰거나 건물을 세우지 않고 제자를 세우셨습니다. 그리고 부활 승천하시기 전 제자들에게 제자 삼는 사역을 맡기셨습니다.

**너희는 가서 모든 민족을 제자로 삼아** 마 28:19

훈련생을 예수님의 제자로 세우는 일은 너무나 소중하고 영광스런 사명입니다. 교인들이 제자로 세워져야 예수님께서 교회 공동체의 주인이 되실 수 있습니다. 교인들이 제자가 되지 않으니 교회가 사람들의 조직으로 전락하고 마는 것입니다. 그러므로 교회의 미래는 교인 한 사람, 한 사람을 주님과 동행하는 제자로 세우는 데 달려 있습니다.

제자훈련은 훈련생으로 하여금 성경의 진리와 함께 주님과 동행하는 삶을 살도록 도와야 합니다. 주님과 동행하는 사람이 주님의 제자이기 때문입니다. 제자훈련 인도자의 자격 역시 '주님의 임재하심을 항상 깨닫고 주님을 바라보며 주님과 동행하는 자'입니다. 제자훈련은 인도자 자신이 예수님이 주인인 삶을 사는 것을 훈련생들에게 보여주어 그들도 그렇게 살도록 도와주는 것입니다.

제자훈련의 강사는 주 예수님이십니다. 인도자는 주 예수님의 도구일 뿐입니다. 사도 바울은 "그리스도께서 이방인들을 순종하게 하기 위하여 나를 통하여 역사하신 것 외에는 내가 감히 말하지 아니하노라"(롬 15:18)라고 말했습니다. 이것이 모든 인도자의 고백이어야 합니다. 인도자가 힘쓸 일은 교재를 함께 나누면서 주님이 하시는 일을 바라보며, 훈련생들에게도 주님을 바라보게 하는 것뿐입니다. 인도자의 목표는 무엇을 가르치는 것이 아니라 훈련생이 주님을 바라보도록 격려하고 동기부여하고 서로 점검하는 일입니다.

예수님께서는 3년 동안 제자들과 함께 지내시면서 하나님 나라 복음을 가르치고 함께 사역하셨습니다. 그리고 부활 승천하시면서 제자들에게 교회와 양 무리를 맡기셨습니다. 그리고 땅 끝까지 가서 모든 민족으로 제자를 삼으라고 하셨습니다. 그러면서 제자들에게 약속하신 것은 오직 주님께서 항상 함께하실 것이라는 사실과 성령이 마음에 임하시기를 기다리라는 것이었습니다.

그러므로 제자훈련 인도자의 자격은 '나는 죽고 예수로 사는 사람', 24시간 주님을 바라보는 사람', '예수님은 나의 왕이시다.'라고 고백하는 사람입니다. 주님과 동행하는 삶에 눈이 뜨이고 자신보다 연약한 믿음을 가진 교인들이 주님을 바라보며 주님과 동행하는 삶을 살도록 도와줄 수 있어야 합니다.

제자훈련을 인도하는 것은 엄청난 유익을 줍니다. 배워서 아는 것은 아직 아는 것이 아닙니다. 가르칠 수 있어야 아는 것이고, 가르친 대로 살아야 진정 아는 것입니다. 가르쳐 봐야 자신의 영적 실상을 깨닫게 됩니다. 제자훈련을 인도하면서 실제로는 인도자 자신이 주님으로부터 제자훈련을 받는 것입니다.

제자훈련을 인도하면서 다음 사항을 꼭 지켜주기 바랍니다.

### 1. 수업할 교재 내용을 충분히 파악해야 합니다

훈련생들과 마찬가지로 인도자도 매일 한 과씩을 읽고 준비해야 합니다. 아는 내용이라고 그냥 넘어가지 말고 훈련생들에게 할 질문을 자신에게 던져보며 스스로를 점검해 봐야 합니다. 가르치려 하지 말고 먼저 진리가 나를 자유하게 했는지 자신을 말씀 앞에 세워 보기 바랍니다. 그렇게 함으로써 영적인 풍성함과 정확함을 얻게 됩니다.

### 2. 집중할 핵심 부분에 대한 파악을 해놓아야 합니다

인도자 가이드를 보고 전체의 내용의 맥을 잡습니다. 한 단원 안에 포함된 각 과의 제목들은 그 단원의 주제를 담고 있으므로 제목을 보면서 정리하도록 합니다.

### 3. 대략적인 수업진행 과정을 정해야 합니다

전체의 내용을 다 강의를 하는 것이 아닙니다. 학생들의 수준을 잘 파악하여 핵심내용을 어떻게 그리고 어느 정도 분량으로 담을지를 미리 정리해야 합니다.


### 4. 제자훈련생을 위해 기도합니다

훌륭한 강의보다 더 중요한 것이 반원들 한 사람, 한 사람을 위한 기도입니다. 선생이 아니라 아비의 마음으로 한 사람, 한 사람을 품고 매일 기도해야 합니다. 신앙 인격과 삶의 변화는 인도자의 노력으로 되는 것이 아니라 성령께서 행하시는 역사이기 때문입니다.


### 5. 훈련생 각자에게 꼭 확인해야 할 것을 메모해 두어야 합니다

선택 질문을 누구에게 할 것인지를 미리 결정해 둡니다. (예를 들면 구원의 확신과 관련이 있는 문제는 그 점에 대해서 불분명해 보이는 ○○○집사에게 질문을 한다고 생각해 놓습니다.) 그리고 답을 통해서 그 사람의 영적 상태를 메모해 둡니다. 이 메모는 인도자 혹은 다른 영적 지도자가 그 사람의 믿음을 세워주는 데 있어서 좋은 참고자료가 됩니다.


주님께서 여러분을 통하여 훈련생을 가르치실 것입니다.

《예수님의 사람》
# 제자훈련 서약서

나는《예수님의 사람》제자훈련의 훈련생으로서
하나님 앞에서 다음과 같이 서약합니다.


1. 나는 제자훈련이 진행되는 동안 제자훈련을 우선순위에 두
   겠습니다.

2. 나는 결석이나 지각을 하지 않고 제자훈련에 성실하게 참여
   하겠습니다.

3. 나는 교재 예습과 주어진 과제를 철저하게 수행하겠습니다.

4. 나는 열린 마음과 정직한 마음으로 훈련에 참여하겠습니다.

5. 나는 다른 훈련생의 개인적인 이야기에 대해 비밀을 지키겠
   습니다.

6. 나는 우리가 그리스도 안에서 한 몸임을 기억하고 사랑과 기
   도로써 서로에 대한 책임을 다하겠습니다.


년     월     일

이 름:                    (인)

# 주 예수님과의 행복한 동행

"한국교회의 문제가 무엇입니까?"라고 질문하면 "교인들의 삶이 변해야 한다. 성경도 많이 알고, 설교는 많이 듣지만 삶이 변하지 않았다!"고 대답합니다. 정확한 진단입니다. 문제는 어떻게 삶이 변하느냐? 하는 것입니다. '삶을 변화시키고 싶지만 안 되는 것을 어떻게 하는가?'에 대한 대답이 필요합니다.

행함을 강조하면 율법주의로 전락하기 쉽습니다. 만약 노력해서 삶이 변화될 수 있다면 십자가가 무슨 소용이 있겠습니까? 예수님에 대해 많이 배우는 것은 매우 중요합니다. 그러나 선행되어야 할 것이 있습니다. 예수님과 친밀히 동행하는 것입니다.

자녀들은 먼저 부모와 관계 속에서 자랍니다. 부모에 대해 아는 것은 나중입니다. 어린아이가 부모에 대해 많이 알고 부모와 관련된 자료를 아무리 많이 가지고 있어도 부모와 함께 살지 않으면 행복하지 못합니다. 예수님에 대해서도 마찬가지입니다.

제자훈련은 주 예수님과 행복한 동행을 하도록 도와줍니다. 친밀한 관계로 나아가도록 이끌어줍니다. 예수님께서 제자들에게 성경통독을 가르치셨을까요? 조직신학을 가르치셨을까요? 목회학, 설교방법, 전도학을 가르치셨을까요? 마가복음 3장 13~15절은 예수님께서 제자들을 부르신 가장 우선된 목적이 주님과 동행하는 자가 되는 것에 있음을 분명하게 말씀하고 있습니다.

예수님 당시, 예수님을 따르는 무리는 매우 많았습니다. 그러나 그들이 다 제자는 아니었습니다. 얼마만큼 주님과 동행하느냐에 따라 제자의 자격이 달라지기 때문입니다. 곧 제자는 주님과 함께 지내면서 주님을 알고, 주님을 배우는 자입니다.

《예수님의 사람》 제자훈련 교재는 머리로만 이해하는 방식의 한계를 깨뜨려 보려고 시도했습니다. 지적인 접근방법보다는 삶으로 주 예수님과 동행할 수 있도록 돕고 깨닫게 함으로써, 주 예수님께서 우리 삶을 변화시킬 수 있도록 했습니다. 12주 동안의 매우 짧은 기간이지만 그리스도인들로 하여금 예수님과 동행하는 삶을 사는 감각을 깨우쳐주고자 했습니다. 그 다음은 주님이 하실 것입니다.

예수님에 대한 바른 지식 이전에 예수님과의 바른 관계를 맺고 사는 것이 예수님을 믿는 삶의 시작입니다. 초대교회가 그랬습니다. 사도행전부터 시작되는 교회 역사를 읽어보면 예수님에 대한 바른 지식과 함께 예수님과 동행함이 있었음을 알 수 있습니다. 사도행전 당시는 지금처럼 성경도 없었고, 바른 신학도 없었고, 정통 신앙이라는 것도 없었고, 교회 조직도 없었지만 예수님과의 친밀한 관계 하나만큼은 너무나 분명했습니다. 예수님에 관한 바른 가르침은 매우 중요합니다. 그러나 예

수님에 대한 바른 가르침이 우리 자신과 교회의 문제를 해결하는 것이 아님도 알아
야 합니다.

지금 시대는 각종 매체를 통하여 수많은 기독교의 가르침이 선포되고 있습니다.
기독교 메시지들이 지금처럼 정확하고 풍성하며 다양하게 퍼부어진 적이 없었습니
다. 그러나 또 지금처럼 기독교가 사회에서 매력을 잃어버리고 교회와 그리스도인
들이 위기에 처한 적도 없을 것입니다. 예수님에 대한 바른 지식도 중요하지만 그보
다 더 중요한 것은 예수님과의 바른 관계입니다. 한국 교회의 문제는 목회자나 교인
들 모두 예수님에 대한 바른 지식만 추구하다가 예수님과의 바른 관계를 소홀히 한
것입니다.

많은 그리스도인이 예수님만 믿어서는 부족하다고 생각합니다. 그러나 이 생각
은 정말 위험한 생각입니다. 스스로에게 이렇게 질문해 봐야 합니다. "나는 정말 예
수님을 믿기는 했었는가?"

예수님께서 놀라운 말씀을 하셨습니다.

내가 진실로 진실로 너희에게 이르노니 나를 믿는 자는 내가 하는 일을 그도 할 것이요

또한 그보다 큰 일도 하리니 이는 내가 아버지께로 감이라 요 14:12

예수님을 믿는다는 것이 무엇인지 요한계시록 3장 20절에서 정말 중요한 기준

을 제시해 주셨습니다.

볼지어다 내가 문 밖에 서서 두드리노니 누구든지 내 음성을 듣고 문을 열면 내가
그에게로 들어가 그와 더불어 먹고 그는 나와 더불어 먹으리라  계 3:20

**우리가 예수님을 믿는다는 것은 인격적인 관계 안에서 예수님을 믿는 것입니다.**

내 안에 거하라 나도 너희 안에 거하리라 가지가 포도나무에 붙어 있지 아니하면
스스로 열매를 맺을 수 없음 같이 너희도 내 안에 있지 아니하면 그러하리라
나는 포도나무요 너희는 가지라 그가 내 안에, 내가 그 안에 거하면 사람이 열매를
많이 맺나니 나를 떠나서는 너희가 아무 것도 할 수 없음이라  요 15:4-5

너희는 믿음 안에 있는가 너희 자신을 시험하고 너희 자신을 확증하라
예수 그리스도께서 너희 안에 계신 줄을 너희가 스스로 알지 못하느냐 그렇지 않으면
너희는 버림받은 자니라  고후 13:5

내가 그리스도와 함께 십자가에 못 박혔나니 그런즉 이제는 내가 사는 것이 아니요
오직 내 안에 그리스도께서 사시는 것이라 이제 내가 육체 가운데 사는 것은
나를 사랑하사 나를 위하여 자기 자신을 버리신 하나님의 아들을 믿는 믿음 안에서

이런 믿음을 가질 때 삶이 변화됩니다. 주 예수님이 함께 계심을 아는데 자기 마음대로 살 사람이 누가 있겠습니까? 우리가 정말 힘써야 할 것은 예수님과 행복하게 동행하는 삶을 사는 것입니다.

《예수님의 사람》 다음에 주님이 허락하신 훈련과정이 《예수동행일기》입니다. 주 예수님을 바라보는 눈이 뜨인 후 제 마음의 갈망은 더욱 커졌습니다.

"주님 제가 언제나 주님만 바라보기 원합니다."

그때 주님은 제게 그 방법을 가르쳐주셨습니다. 24시간 주 예수님을 바라보는 일기를 쓰는 것이었습니다. 아우구스디누스, 존 웨슬리, 조나단 에드워드, 데이비드 브레이너드, 스탠리 존스 등 위대한 하나님의 종들은 거의 다 일기를 썼습니다.

저는 《예수님의 사람》 제자훈련과 《예수동행일기》를 통하여 '사람은 변한다!'는 확신을 갖게 되었습니다. 다른 사람을 보고 믿게 된 것이 아니라 저 자신을 보면서 믿게 된 것이니 정말 놀라운 일입니다. 이전에도 성령의 체험과 강렬한 회개, 극적인 결단의 시간이 있었습니다. 그런데 얼마동안 제 삶의 변화가 있었을 뿐이었고, 얼마 못 가서 다시 옛날처럼 돌아가 버렸습니다. 그래서 계속하여 더 뜨겁고 극적인 체험을 갈구했었습니다.

그러나 지금은 정말 매순간 예수님의 임재가 느껴집니다. 새벽부터 잠자기까지! 그래서 생활이 완전히 변화되고 있습니다. 저 자신은 변한 것이 없지만 예수님께서 함께하심이 너무나 분명히 믿어지는 것이 달라진 것입니다. 저는 지금 이 시대의 그리스도인들에게 24시간 예수님을 바라보는 믿음의 실험에 참여할 것을 도전하고 있는데 그것은 예수동행일기를 쓰는 것입니다.

이 교재를 공부하면서 주 예수님과 행복한 동행을 할 수 있게 되기를 기도합니다.


유 기 성 목사

## 1. 왜 제자훈련인가?

《예수님의 사람》 제자훈련은 10명 내외의 인원으로 하게 하는 비효율적인 훈련입니다. 하지만 이것이 예수님의 방법이었습니다.

### 1) 예수 그리스도의 계획은 사람을 세우는 것이었습니다

예수님께서 이 세상에 오셔서 하나님의 일을 하실 때 제자들을 부르심으로 사역을 시작하셨습니다. 예수님은 책을 쓰거나, 조직을 만들거나, 건물을 세우지 않고 소수의 사람을 택하여 제자로 세우셨습니다. 예수님께서 선택하신 제자들은 평범한 사람들입니다. 그러나 예수님께서 아무나 제자로 부르신 것은 결코 아닙니다. 예수님께서는 분명한 기준을 가지고 제자들을 택하셨습니다. 그것은 가르치기에 좋은 사람인가에 대한 것이었습니다.

### 2) 예수님께서는 소수의 제자를 선택해 철저하게 훈련시키셨습니다

예수님께서는 직접 가르치고 훈련시킨 소수의 제자들을 남기셨지만 그들에 의해서 세상은 변화되었고, 지금 우리는 전 세계가 복음화 되어가는 놀라운 결과를 목격하고 있습니다.

어설프게 훈련된 백 사람보다 철저하게 훈련된 한 사람이 더 큰일을 합니다. 어린아이 백 명보다 어른 한 사람이 더 효율적으로 일합니다. 여기에 제자훈련의 철학과 비전이 있습니다. 하나님께서 주목하시는 것은 제자로 훈련된 사람입니다. 사람이 변하면 모든 것이 변합니다. 가정도, 교회도, 학교도, 사회도 모두 변합니다. 하나님 나라는 변화된 사람을 통해 이 땅에 이루어집니다.

### 3) 제자훈련의 핵심은 예수님과의 인격적인 관계를 훈련하는 것입니다

또 산에 오르사 자기가 원하는 자들을 부르시니 나아온지라 이에

열둘을 세우셨으니 이는 자기와 함께 있게 하시고 또 보내사 전도도 하며

귀신을 내쫓는 권능도 가지게 하려 하심이러라 막 3:13-15

이 말씀을 보면 예수님께서 제자들을 부르신 목적이 세 가지임을 분명히 알 수 있습니다. 첫째, 일평생 주님과 동행하는 사람, 둘째, 복음 전도가 삶의 목적인 사람, 셋째, 귀신을 내쫓는 일, 곧 영적 전쟁에 대한 눈이 열린 사람입니다. 예수님 당시에 예수님을 따르는 무리는 많았습니다. 그러나 그들이 다 제자는 아니었습니다. 예수님의 제자들은 주님과 인격적인 관계를 맺고 예수님과 24시간 동행했습니다. 예수님과 얼마나 가까이 있고 동행하느냐에 따라 제자의 자격이 결정되었다는 뜻입니다. 예수님의 제자훈련 핵심은 예수님과 동행하며 예수님을 알아가는 것이었습니다. 예수님을 인격적으로 만나야 삶의 변화가 일어납니다. 예수님과 인격적으로 교제하고, 동행하는 삶에 눈뜰 때 비로소 하나님께 쓰임 받는 사람이 될 수 있습니다.

## 2. 제자훈련은 누가 받는가?

제자훈련을 이해하려면 성도들의 믿음이 신앙성장 단계를 거치면서 자
란다는 것을 이해해야 합니다. 모든 그리스도인은 보통 다음 다섯 단계
를 거치면서 성장합니다.

### 1단계) 하나님의 존재를 의심하는 수준 : 구원의 확신이 없는 초신자

어떤 의심하는 자들을 긍휼히 여기라  유 1:22

### 2단계) 자기 문제에만 매달려 있는 수준 : 미숙한 신자

형제들아 내가 신령한 자들을 대함과 같이 너희에게 말할 수 없어서 육신에

속한 자 곧 그리스도 안에서 어린 아이들을 대함과 같이 하노라 내가 너희를

젖으로 먹이고 밥으로 아니하였노니 이는 너희가 감당하지 못하였음이거니와

지금도 못하리라 너희는 아직도 육신에 속한 자로다 너희 가운데 시기와 분쟁이

있으니 어찌 육신에 속하여 사람을 따라 행함이 아니리요  고전 3:1-3

### 3단계) 남의 문제를 위하여 섬기는 수준 : 은혜를 체험한 자 = 제자훈련 대상

기쁜 마음으로 섬기기를 주께 하듯 하고 사람들에게 하듯 하지 말라  엡 6:7

### 4단계) 다른 사람을 영적으로 도울 수 있는 수준 : 삶의 우선순위가 분명한 사람

그런즉 너희는 먼저 그의 나라와 그의 의를 구하라 그리하면 이 모든 것을

너희에게 더하시리라  마 6:33

하나님 앞과 살아 있는 자와 죽은 자를 심판하실 그리스도 예수 앞에서 그가

나타나실 것과 그의 나라를 두고 엄히 명하노니 너는 말씀을 전파하라 때를

얻든지 못 얻든지 항상 힘쓰라 범사에 오래 참음과 가르침으로 경책하며

경계하며 권하라 딤후 4:1-2


**5단계) 주님을 위하여 순교하는 수준 : 제자훈련의 절정이고 결과**

내가 그리스도와 함께 십자가에 못 박혔나니 그런즉 이제는 내가 사는 것이

아니요 오직 내 안에 그리스도께서 사시는 것이라 이제 내가 육체 가운데

사는 것은 나를 사랑하사 나를 위하여 자기 자신을 버리신 하나님의 아들을

믿는 믿음 안에서 사는 것이라 갈 2:20


그러므로 너희는 가서 모든 민족을 제자로 삼아 아버지와 아들과 성령의

이름으로 세례를 베풀고 내가 너희에게 분부한 모든 것을 가르쳐 지키게 하라

볼지어다 내가 세상 끝날까지 너희와 항상 함께 있으리라 하시니라 마 28:19-20


핵심은 다음 단계로 자라게 해주어야 한다는 것입니다.《예수님의 사람》제자훈련은 대략 3단계에 이른 그리스도인을 제자훈련 받을 사람으로 선택하게 됩니다. 그러므로 당신은 적어도 이 3단계에 이르렀다고 인정받은 사람입니다. 그리고 이 제자훈련을 마칠 때, 5단계에 이르게 될 것입니다. 믿어지지 않을 복음의 능력입니다.《예수님의 사람》제자훈련 과정을 통하여 여러분 모두 주님의 제자가 되시기를 바랍니다.

## 3. 교재 활용 방법

### 1) 교재를 매일 한 과씩 스스로 예습합니다

제자훈련 교재는 모두 12단원으로 구성되고 각 단원은 5과로 구성되어 있습니다. 매주 한 단원을 훈련생 각자가 매일 한 과씩 5일 동안 예습합니다. 6일째는 5일 동안 예습한 내용을 〈소그룹 나눔〉란에 다시 정리하며 제자훈련 반에서 함께 훈련받을 준비를 합니다.

### 2) 이 책은 시작부터 끝까지 각 개인이 읽으면서 훈련할 수 있도록 구성되어 있습니다

그러나 교재를 단순히 읽는 것만 목표로 해서는 안 됩니다. 내용을 공부하면서 성경의 원리를 생활 속에 적용해야 합니다. 이 목표를 이루기 위해서는 시간과 인내가 필요합니다. 이 교재를 공부하면서 당신 안에 거하시는 예수님을 인격적으로 알게 될 것입니다.

각 단원이 시작되기 전 QR코드를 통하여 핵심영상강의를 시청할 수 있습니다. 단원의 핵심내용을 파악하고 읽어나갈 때 훨씬 더 쉽게 이해할 수 있습니다. 또한 소그룹 모임까지 마친 후에 다시 한 번 강의를 시청하면서 단원을 정리하여 자신의 것으로 만들 필요가 있습니다.

### 3) 어떤 질문도 건너뛰면 안 됩니다

교재의 질문에 답하기 위해서는 성경을 찾아 읽고 깊이 생각해야 합니다. 많은 부분이 기도와 묵상, 성경공부를 통해서 하나님과 교제하도록 이끌어줄 것입니다. 이 질문들을 지나쳐버린다면 하나님께서 당신의 인생을 근본적으로 변화시키려는 기회를 놓칠지도 모릅니다.

성경을 찾아 답을 써야 하는 질문은 질문 바로 뒤에 정답과 설명이 나옵니다. 그때 답을 맞추어보십시오. 명심할 것은 항상 정답을 확인하기 전에 먼저 자신의 답을 쓰는 것입니다. 어떤 경우에는 당신의 생각과 의견을 묻는 질문도 있습니다. 그런 질문은 정답이 없음으로 솔직하게 자신의 의견과 생각을 표현하는 것이 중요합니다.

### 4) 은혜 받은 부분이나 궁금한 부분을 기록하십시오

교재를 예습하면서 느낀 바를 그때그때 기록하십시오. 하나님께서는 한 단원에서도 여러 개의 배울 점을 주실 수 있습니다. 작은 것 하나라도 놓치지 않고 복습할 수 있도록 반드시 기록하십시오. 또 예습하다가 이해되지 않거나 궁금한 것이 있으면 기록했다가 제자훈련 반에서 강사에게 질문하여 궁금증을 해결하는 것이 좋습니다.

### 5) 정해진 제자훈련 모임에 꼭 참석하여 훈련을 받습니다

이 시간은 훈련생들이 한 주간 동안 각자가 예습하면서 받은 은혜와 결단을 함께 나누고 깨달은 것들을 일상의 삶에 적용하는 시간입니다. 다른 훈련생들과 함께 공부하면서 서로가 하나님의 뜻을 더 분명히 깨닫고 이해하는데 큰 도움을 받을 것입니다.

## 4. 온라인을 활용한 개인훈련 방법

소그룹 모임이 어려운 경우에도 다양한 방법으로 제자훈련을 진행할
수 있습니다.

### 1) 혼자 진행할 경우
- 각 단원별 시작 부분에 있는 핵심영상강의 내용을 시청합니다.
- 매일 한 과씩 월~금까지 교재 예습을 진행합니다.
- 매일 묵상 질문에 따라 하루의 실천사항을 점검합니다.
- 매일 저녁 '예수동행일기 앱'에 묵상에 따른 순종과 실천사항을
  기록합니다.
- 토요일에는 각 단원별 〈소그룹 나눔〉에 예습한 내용을 다시 한
  번 정리하여 기록합니다.
- 주일에는 '예수동행일기' 나눔방에서 댓글을 달아주고, 교제하
  는 시간을 갖습니다.

※ 나눔방은 앱에서 '나눔방 도움신청'을 통해 배정받을 수 있습니다.

### 2) 부부 또는 2~3명이 진행할 경우
- 각 단원별 시작 부분에 있는 핵심영상강의 내용을 시청합니다.
- 매일 한 과씩 월~금까지 교재 예습을 진행합니다.
- 매일 묵상 질문에 따라 하루의 실천사항을 점검합니다.
- 매일 저녁 '예수동행일기 앱'에 묵상에 따른 순종과 실천사항을

기록합니다.

- '예수동행일기 앱'에 함께하는 분들과 나눔방을 개설합니다.
- 토요일에는 각 단원별 〈소그룹 나눔〉에 예습한 내용을 다시 한 번 정리하여 기록합니다.
- 주일에는 함께 모여 〈소그룹 나눔〉 내용에 따라 한 분이 인도하여 모임을 진행합니다.
- 주일 저녁에 '예수동행일기' 나눔방에서 댓글을 달아주고, 교제하는 시간을 갖습니다.


3) 온라인 소그룹을 진행할 경우

- 각 단원별 시작 부분에 있는 핵심영상강의 내용을 시청합니다.
- 매일 한 과씩 월~금까지 교재 예습을 진행합니다.
- 매일 묵상 질문에 따라 하루의 실천사항을 점검합니다.
- 매일 저녁 '예수동행일기 앱'에 묵상에 따른 순종과 실천사항을 기록합니다.
- '예수동행일기 앱'에 함께하는 분들과 나눔방을 개설합니다.
- 토요일에는 각 단원별 〈소그룹 나눔〉에 예습한 내용을 다시 한 번 정리하여 기록합니다.
- 주일에는 온라인 화상회의가 가능한 앱 또는 프로그램을 이용하여 온라인으로 〈소그룹 나눔〉을 진행합니다.
- 주일 저녁에 '예수동행일기' 나눔방에서 댓글을 달아주고, 교제하는 시간을 갖습니다.

# 제자훈련 소그룹 인도,
# 어떻게 준비할 것인가?

예수님의 사람 제자훈련의 소그룹 인도자로 세워졌다면 함께하는
제자훈련 반원들이 예수님의 사람으로 세워질 수 있도록 아래의 내용을
숙지하시는 것이 필요합니다.


## 1. 제자훈련 비전의 공유

예수님의 사람 제자훈련의 철학은 예수님과의 인격적인 관계에 있
습니다. 예수님을 바라보고 동행하는 사람을 세우고, 교회를 세우고자
하는 것이 제자훈련의 비전입니다.

우선 제자훈련 인도자가 이 철학과 비전에 동의해야 합니다. 그 다
음은 제자훈련 과정을 통하여 제자훈련 받는 분들이 이 철학과 비전
을 공유하도록 인도해야 합니다.

## 2. 정직하게 반응하기

《예수님의 사람》 제자훈련 교재는 단순히 성경에 대한 지식을 전달
하려는 목적이 아닙니다. 이 교재는 공부하는 사람들에게 삶의 변화를
일으키기 위해 계획되었습니다. "삶의 변화를 목적으로 한다."는 이 원
칙은 인도자 자신에게도 동일하게 적용되어야 합니다.

교재의 내용을 훈련생들에게 가르치려고 애쓰기 전에 인도자 자신도 먼저 정직하게 반응해 보시기 바랍니다. 교재에서 말하고 있는 것들에 자신의 모습을 비추어 보고, 교재가 요구하고 있는 결단과 변화가 먼저 경험되어야 합니다. 그리고 그것을 반원들과 함께 나누십시오. 교재의 인도자 지침 중 먼저 자신의 삶을 나누라는 내용이 있습니다. 그것이 제자훈련을 가장 훌륭하게 인도하는 길이 될 것입니다.

## 3. 개인에 대한 관심과 사랑

유월절 전에 예수께서 자기가 세상을 떠나 아버지께로 돌아가실 때가

이른 줄 아시고 세상에 있는 자기 사람들을 사랑하시되 끝까지 사랑하시니라

요 13:1

예수님의 제자들이 제자가 될 수 있었던 것은 이 말씀 때문일 것입니다. 제자훈련을 할 때 '이 사람이 어떻게 변할까? 교회를 위해서 어떤 일을 할 수 있을까?' 하는 것보다 개인에 대한 관심과 사랑이 우선해야 합니다. 기능이나 능력이 아니라 예수님께서 하셨던 것처럼 사람 자체에 관심을 가져야 합니다.

## 4. 철저하게 그러나 융통성 있게

제자훈련은 훈련이라는 단어가 의미하는 것처럼 철저함이 필요합니

다. 제자훈련에 대한 헌신을 요구하고 출석과 예습, 과제를 철저하게 점검할 필요가 있습니다. 출석 상황이 좋지 않고, 예습이 불량할 경우에는 탈락시킬 필요도 있습니다. 형식적으로 제자훈련을 마치는 것보다는 그렇게 하는 것이 그 사람에 유익하기 때문입니다. 그러나 어떤 경우에는 수용하고 끝까지 인내하며 끌고 가야 할 경우도 있습니다. 목회적인 판단에 따라 융통성을 발휘해야 합니다.

## 5. 신뢰 없이는 제자훈련도 없다

제자훈련은 신뢰를 기반으로 합니다. 신뢰가 깨지면 제자훈련도 없습니다. 일반적으로는 제자훈련의 날짜와 시간, 장소 같은 것이 일정해야 합니다. 제자훈련 인도자에 의해 시간이 변경되지 않도록 해야 하며, 약속된 시간을 잘 지켜야 합니다. 조금 아쉬움이 있더라도 예정된 시간 안에 제자훈련을 마치도록 해야 합니다.

특히 제자훈련 그룹 안에서 마음을 열고 진솔한 나눔이 이루어지기 위해서는 안전한 공동체를 만들어야 합니다. 제자훈련 그룹 안에서 개인적으로 나눈 이야기들이 밖으로 흘러나가서는 안 됩니다.

대부분의 사람이 다른 사람 이야기하는 것을 좋아하기 때문에 이 부분에 상당한 주의를 기울여야 합니다. 오리엔테이션 때 비밀을 보장하고, 신의를 지키겠다는 서약을 했다는 것을 지속적으로 상기시켜 주어야 합니다.

## 6. 소그룹 나눔이 중심되도록

제자훈련 인도자들에게 다시 한 번 강조하고 싶은 부분입니다. 《예수님의 사람》 제자훈련의 핵심은 지식을 전달하는 강의가 아니라 소그룹 나눔에 있습니다. 제자훈련은 훈련생 스스로 예습을 충실하게 했다는 것을 전제로 합니다. 그러므로 교재의 내용을 세세하게 다룰 필요도 없고, 사실은 그럴 만한 시간도 없습니다. 강의는 단원마다 있는 핵심내용 요약을 간단히 읽어주는 정도로 하고, 교재에 나와 있는 질문을 중심으로 훈련생들이 마음을 열고 자신의 이야기를 할 수 있도록 배려해야 합니다.

정말 탁월한 인도자는 교재의 내용을 잘 전달하는 사람이 아니라 소그룹 나눔이 활발하게 일어나도록 인도하는 사람입니다. 훈련생들은 자신의 이야기를 하면서 스스로 정리하고, 또 결단하게 됩니다. 뿐만 아니라 다른 사람의 이야기를 들으면서 간접적으로 배우게 됩니다. 소그룹 나눔은 스스로 배우고 상호작용을 통해서 배우게 하는 최선의 방법이라는 점을 기억해야 합니다.

## 7. 각 단원별 핵심주제를 꼭 이해하도록

각 단원마다 앞부분에 핵심영상강의를 듣고 시작할 수 있도록 QR코드를 넣어두었습니다. 제자훈련 나눔 중에 단원에 대한 이해가 부족하다고 생각될 경우, 소그룹 모임 후 핵심영상강의를 다시 한 번 들으시고 정리하도록 권면해 주시기 바랍니다.

## 8. 교재의 철저한 연구

인도자가 목회자라면 교재의 내용이 어렵게 느껴지지 않을 것입니다. 그러나 교재의 내용을 알고 있는 정도의 수준으로는 제자훈련을 인도하기 어렵습니다. 교재의 내용을 철저히 파악하고 있어야 합니다. 자신의 삶이 교재 안에 녹아들어야 합니다.

먼저 제자훈련 훈련생이 된 심정으로 교재를 읽으며 모든 질문에 대해 인도자 자신의 답을 적으십시오. 교재의 내용 중 중요하다고 생각되는 내용들에 표시를 해두시기 바랍니다. 추가적인 설명이 필요하다고 판단되거나, 교재의 내용을 효과적으로 설명할 수 있는 아이디어가 떠오른다면 교재의 여백에 적어놓았다가 설명해 주서도 좋습니다.

## 9. 씨 뿌리는 자의 마음으로

마지막으로 부탁드리고 싶은 것은 제자훈련의 결과에 대하여 쉽게 단정하거나 포기하지 말라는 것입니다. 결과가 좋을 수도 나쁠 수도 있습니다. 최선을 다해서 제자훈련을 인도했지만 가시적인 성과가 없을 수도 있습니다.

단기적으로 사람들이 얼마나 변할 것인가, 교회에 어떤 도움이 될 것인가에 관심을 가지면 제자훈련을 지속할 동기를 잃어버리게 됩니다.

제자훈련은 단순한 프로그램이 아니라 사람을 세우고 교회를 세우는 철학입니다. 단기적으로는 성과가 없는 것처럼 보여도 장기적으로 한다면 교회의 영적인 체질이 바뀌게 됩니다.

때로는 씨를 뿌리지만 열매를 바로 얻을 수 없을 때도 있습니다. 이때를 잘 기다리며 진행해 나간다면 예수님의 이끄시는 교회, 예수님이 기뻐하시는 교회로 세워져 갈 것입니다.

# 차 례

*《예수님의 사람》 인도자용 2권에는 인도자를
위한 특별한 부록이 수록되어 있습니다.

# 1

# 십자가의
# 능력

십자가의 도가 멸망하는 자들에게는 미련한 것이요
구원을 받는 우리에게는 하나님의 능력이라

고린도전서 1:18

1단원 핵심영상강의
youtu.be/ZfSj5n49-Og

# 01

# 십자가의 능력이
# 무엇인가?

십자가의 도가 멸망하는 자들에게는 미련한 것이요
구원을 받는 우리에게는 하나님의 능력이라

고린도전서 1장 18절

## 1과 핵심요약

❶ 예수님을 구주로 영접한 성
도들에게 약속된 삶은 정말
로 놀라운 것이다.

　1) 아무런 부족함을 느끼지
　　못할 정도로 만족하는 삶.

　2) 주위에 엄청난 영향력을
　　끼치는 삶.

　3) 시험을 만날 때 넉넉히
　　이기는 삶.

❷ 십자가의 도가 하나님의 능
력이다.

❸ 십자가 복음을 정말 믿고 있
는지 점검해야 한다.

❹ 하나님께서 주목하고 쓰시
는 사람은 진짜 예수님을 믿
는 사람, 곧 십자가의 도가
하나님의 능력임을 아는 사
람이다.

세계적인 전도자 빌리 그레이엄(Billy Graham) 목사가 사역을
마무리할 즈음에 어떤 기자가 질문했습니다.

"목사님, 지금까지 수많은 나라와 지역에서 복음을 전했는데
지금까지의 사역 중에서 혹시 아쉬운 것이 있었습니까?"

빌리 그레이엄 목사가 대답했습니다.

"나는 복음이 교회 밖에만 필요한 줄 알았습니다. 그런데 지금
새삼스럽게 깨닫는 것은 교회 안에 복음을 필요로 하는 사람이
더 많다는 사실입니다."

예수 그리스도의 십자가 복음을 믿습니까? 아마 대부분의 성
도들은 "예"라고 대답할 것입니다. 그렇다면 당신의 삶이 변화되
었습니까?

많은 사람이 십자가 복음을 믿는다고 말하지만 정작 삶에서는 아무런 변화가 없습니다. 정말 십자가 복음은 우리의 삶 하나도 바꾸지 못할 정도로 무기력한 것일까요?

언젠가 판사이신 장로님을 초청해 간증을 들었습니다. 그분은 어릴 적에 소아마비를 앓아 다리에 장애가 있었습니다. 저는 그분이 작은 일에도 쉽게 좌절하는 교인들에게 강력한 희망의 메시지를 전해 줄 것을 기대했습니다.

집회가 시작되기 전 장로님과 환담하면서 저는 '참 좋은 분을 모셨구나.' 하는 생각이 들었습니다. 그런데 집회가 시작되고 그분이 간증 서두에 하신 말씀이 저의 마음을 무겁게 했습니다.

"나는 예수님을 늦게 믿었습니다. 대학 3학년 때에야 예수님을 믿게 되었는데, 그 이유는 대학에 들어가기 전까지 예수 믿는 사람을 한 사람도 보지 못했기 때문입니다."

그 말을 듣는 순간, 저는 불안해졌습니다. 아무리 예수 믿는 사람이 적은 곳에서 살았다 하더라도 우리나라에서 정상적으로 초, 중, 고등학교를 다녔다면 예수 믿는 사람을 단 한 사람도 만나지 못할 수는 없기 때문입니다.

잔뜩 마음을 졸이던 저는 장로님의 다음 말을 듣고서, 너무나 부끄러워졌습니다.

"교회 다니는 사람은 많이 보았습니다."

제가 장로님의 말을 듣고 부끄러웠던 것은 제가 학생 때 목사의 아들로 교회는 다녔지만 예수는 믿지 않는 사람이었기 때문입니다.

장로님은 대학에 입학한 후 만난 기숙사 룸메이트가 항상 얼굴에 기쁨이 있고, 모든 일에 감사하고, 항상 다른 이들을 배려하는 것을 보았다고 했습니다. 어느 날 그 친구에게 물었답니다.

"도대체 너는 어떻게 항상 즐거워하고 언제나 다른 사람들에게 친절할 수 있니?"

그 친구가 대답했습니다.

"응, 예수님을 믿고서 그렇게 바뀌었어. 너도 예수님 믿어 봐."

그날 예수 믿는 사람을 처음 보았다고 했습니다. 그 후 그는 친구와 함께 기독교 신앙에 관한 깊은 대화를 나눴지만 선뜻 예수님을 주님으로 모실 수가 없었답니다. 자기를 평생 장애인으로 살게 하신 하나님이 어떻게 사랑의 하나님일 수 있는가에 대한 마음 때문이었습니다. 그러나 그 친구와 교제하면서 조금씩 하나님에 대해 알게 되었습니다. 마침내 대학 3학년 때 자신의 죄를 회개하고 예수님을 주님으로 영접하게 되었다는 것입니다.

이 제자훈련 과정의 목표는 특별한 것이 아닙니다. 그것은 바로 우리가 '교회만 다니는 사람'이 아니라, '예수 믿는 사람'이 되는 것입니다.

예수님을 구주로 영접한 성도들에게 약속된 삶은 정말로 놀라운 것입니다.

## 1. 아무런 부족함도 느끼지 못할 정도로 만족하는 삶입니다

내가 주는 물을 마시는 자는 영원히 목마르지 아니하리니

내가 주는 물은 그 속에서 영생하도록 솟아나는 샘물이 되리라 요 4:14

영원히 목마르지 않는다는 약속의 말씀은, 아무것도 부족한 것이 없다는 뜻입니다. 그러므로 당신에게 예수님의 약속이 이루어졌다면 이제 아무런 부족함도 느끼지 못할 정도로 만족할 것입니다.

## 2. 주위에 엄청난 영향력을 끼치는 삶입니다

명절 끝날 곧 큰 날에 예수께서 서서 외쳐 이르시되 누구든지

목마르거든 내게로 와서 마시라 나를 믿는 자는 성경에 이름과 같이

그 배에서 생수의 강이 흘러나오리라 하시니 요 7:37-38

'생수의 강이 흘러나온다.'는 말은 주위에 엄청난 영향력을 끼친다는 말입니다. 그러므로 당신에게 예수님의 약속이 이루어졌다면 가정, 직장, 학교에서 놀라운 은혜를 끼치며 살아야 합니다.

## 3. 시험을 만날 때 넉넉히 이기는 삶입니다

누가 우리를 그리스도의 사랑에서 끊으리요 환난이나 곤고나 박해나

기근이나 적신이나 위험이나 칼이랴 기록된 바 우리가 종일

주를 위하여 죽임을 당하게 되며 도살 당할 양같이 여김을

받았나이다 함과 같으니라 그러나 이 모든 일에 우리를 사랑하시는

이로 말미암아 우리가 넉넉히 이기느니라 롬 8:35-37


그리스도인은 아무리 큰 시험을 당하고, 그 어떤 위협과 고통
이 닥쳐온다 해도 넉넉히 이길 수 있습니다. 하나님의 사랑에서
우리를 끊어놓을 수 있는 것은 아무것도 없기 때문입니다.

Q. 예수님께서 약속하신 삶과 자신의 삶을 비교해보십시오. 당신은 약
   속된 삶을 누리며 살고 있습니까?

-------------------------------------------------------------------

-------------------------------------------------------------------

-------------------------------------------------------------------

-------------------------------------------------------------------

-------------------------------------------------------------------


성도들을 향한 하나님의 약속은 너무나 놀랍습니다. 그러나 안
타깝게도 많은 성도의 신앙생활이 하나님의 약속과는 달리 좌절
과 낙심일 때가 많습니다. 왜 이런 모순이 나타납니까? 십자가의
도가 하나님의 능력인 것을 잘 모르고 있기 때문입니다.

Q. 고린도전서 1:18을 읽고 다음 질문에 답을 쓰세요.

고린도전서 1:18
십자가의 도가 멸망하는 자들에게는 미련한 것이요 구원을 받는 우리에게는 하나님의 능력이라

1. 십자가의 도가 구원받지 못한 사람에게는 어떻게 보인다고 했습니까?

   미련한 것.

2. 십자가의 도가 구원받은 그리스도인에게 어떤 능력이 된다고 했습니까?

   하나님의 능력.

예수님의 십자가가 어떤 사람에게는 미련한 것으로 보이고, 어떤 사람에게는 하나님의 능력으로 보인다고 했습니다. 당신은 십자가가 능력이라는 사실을 알고 있습니까? 많은 성도가 교회는 다니지만 예수님과 인격적인 만남도 없고 간증도 없는 종교생활을 하고 있습니다. 그들에게 십자가는 능력이 아니라 종교적인 상징일 뿐입니다.

십자가 복음은 정말 놀라운 것입니다. 예수님께서 나의 죄를 대신 짊어지시고 십자가에 달려 죽으셨다는 진리를 믿으면 다 구원을 받습니다. 복음 중의 복음입니다. 아마 당신도 "나는 속죄의 은혜를 믿습니다."라고 고백할 것입니다. 하지만 '내가 정말 믿고 있는가?' 하는 질문을 자신에게 다시 해봐야 합니다.

우리는 너무 쉽게 믿음을 이야기하지만 믿음은 정말 엄청난 능력입니다. 하나님께서 죄인 된 우리를 구원하시려고 예수님을 십자가에 내어주셨습니다.

이 사랑을 정말 믿습니까? 그렇다면 원수 같은 사람도 용서하

고 사랑할 수 있어야 정상입니다. 당신 안에 예수님이 계신다는 것을 정말 믿습니까? 은밀한 죄는 더 이상 짓지 않아야 정상입니다. 천국이 있다고 정말 믿습니까? 고난을 두려워하지 않고 오히려 감사하는 마음을 품는 게 정상입니다.

십자가의 도는 하나님의 능력입니다. 그런데 왜 우리는 미운 사람이 용서가 안 되고, 두려움과 염려 속에 살며, 항상 기뻐하고 감사하지 못할까요? 실제로는 십자가의 도를 모르고 있기 때문입니다. 십자가의 도를 알고 믿는다고 생각하는데 그게 진짜가 아니라는 것입니다.

교회에 하나님의 말씀을 공부하고자 하는 열의는 대단합니다. 그런데 말씀대로 살 수 있다는 믿음은 없습니다. "항상 기뻐하라"는 말씀은 너무나 잘 알고 있지만, 항상 기뻐할 수 있다고 믿지는 않습니다. "범사에 감사하라"는 말씀에 은혜를 받지만 실제로는 모든 일에 감사할 수 있다고 믿지 않습니다. "원수를 사랑하라"는 말씀을 옳다고 받아들이지만 그렇게 살아야 한다는 생각은 하지 않습니다.

저는 목사의 아들이었습니다. 중학교 친구 중에 장로가 된 친구가 한 명 있었습니다. 중학교 때 그 친구와 정말 친했지만 그를 전도하지는 않았습니다. 30년 만에 그 친구를 만났을 때, 친구의 부인이 물었습니다.

"중학교 때 목사님과 아주 친했다고 들었는데, 왜 그때는 전도하지 않으셨어요?"

너무나 부끄러워 할 말이 없었습니다. 전도하지 못했던 이유는 하나였습니다. 목사의 아들이었지만 중, 고등학교 시절에는 솔직히 십자가의 도가 하나님의 능력이라는 것을 몰랐기 때문입니다.

하나님께서는 단순히 교회에 다니는 사람을 쓰시지 않습니다. 하나님께서 주목하고 쓰시는 사람은 정말 예수 믿는 사람, 곧 십자가의 도가 하나님의 능력임을 아는 사람입니다.

19세기 러시아에는 기독교인이 9천만 명, 성직자만 6만 명이 있었습니다. 그러나 공산당원 5만4천 명의 손에 나라가 넘어가고 말았습니다. 그 이유는 그리스도인들이 십자가의 능력을 알지 못했기 때문입니다.

우리는 돈의 능력을 잘 알고 있습니다. 돈이면 무엇이든 할 수 있다는 생각을 하는 사람도 많습니다. 그래서 유전무죄(有錢無罪) 무전유죄(無錢有罪)라는 말도 있습니다. 그렇다면 당신은 십자가가 하나님의 능력이라는 사실도 알고 있습니까?

Q. 당신에게 예수님의 십자가는 어떤 능력입니까? 솔직하게 쓰세요.

-------------------------------------------------------

-------------------------------------------------------

-------------------------------------------------------

-------------------------------------------------------

# 02

# 죄를 깨닫게 하는 능력

… 주여 나를 떠나소서 나는 죄인이로소이다

누가복음 5장 8절

**2과 핵심요약**

❶ 십자가의 능력이란 우리가 얼마나 큰 죄인인가를 깨닫게 하는 능력이다.

❷ 많은 사람이 죄를 짓고도 죄를 깨닫지 못한다.

❸ 십자가의 예수님을 인격적으로 만나야 자신의 죄를 깨달을 수 있다.

❹ 자신의 죄를 깨닫는 것이 거듭남의 시작이며 제자 됨의 시작이다.

예수님의 십자가는 죄인을 위한 십자가입니다. 지옥에 갈 죄인들을 구원하시기 위해 십자가를 지신 것입니다. 내가 지옥에 갈 죄인이라는 사실을 깨닫게 해주는 것이 바로 십자가의 능력입니다. 이것을 깨닫는 것이 얼마나 큰 능력인지 모릅니다. 이 사실을 알고 나면 하나님과의 관계뿐만 아니라 다른 사람과 관계도 달라집니다.

당신은 자신이 죄인이라는 사실을 알고 있습니까? 많은 그리스도인이 죄인임을 고백하지만 자신이 얼마나 큰 죄인인지 제대로 깨달은 사람은 많지 않습니다. 상투적인 표현으로 "말할 수 없는 죄인을 용서해주옵소서."라고 기도하지만 실제로는 자신이 얼마나 큰 죄인인지 알지 못합니다.

다윗은 밧세바를 간음하고 그 죄를 숨기려고 우리야를 죽였습니다. 그러나 그는 자신이 저지른 일이 하나님 앞에서 얼마나 큰 죄인 줄을 깨닫지 못했습니다. 나단 선지자가 소와 양을 많이 가지고 있는 부자가 가난한 사람의 양 한 마리를 빼앗아서 손님을 대접했다는 이야기를 들려주었을 때 다윗이 얼마나 분노했습니까? 다윗은 그 부자를 향하여 "이 일을 행한 그 사람은 마땅히 죽을 자라"(삼하 12:5)고 말했습니다. 그러나 사실 그 말은 다윗에게 해당되는 말이었습니다. 다른 사람의 죄에 대해서는 죽어 마땅하다고 생각했지만 정작 자신이 그런 죄인이라는 사실은 깨닫지 못했던 것입니다. 다윗의 모습이 바로 우리의 모습입니다.

Q. 누가복음 5:8에서 예수님 말씀대로 해서 엄청 많은 물고기를 잡은 베드로의 고백은 무엇입니까?

　주여 나를 떠나소서 나는 죄인이로소이다.

누가복음 5:8
시몬 베드로가 이를 보고 예수의 무릎 아래에 엎드려 이르되 주여 나를 떠나소서 나는 죄인이로소이다 하니

베드로는 엄청 많은 고기를 잡고 난 후 크게 기뻐하기보다는 오히려 자신이 죄인이라고 고백했습니다. 어떻게 이런 일이 일어났습니까? 베드로가 갑자기 큰 죄를 지었기 때문이 아닙니다. 그는 예수님 말씀을 통해 기적이 일어나는 것을 보는 순간 영의 눈이 열렸습니다. 영안이 열리고 예수님께서 그리스도이심을 발견하는 순간, 자신이 죄인이라는 사실을 깨닫게 된 것입니다. 자신의 죄를 깨닫는 순간 "주여 나를 떠나소서"라고 고백할 수밖에 없었지만, 그날 이후 베드로는 모든 것을 다 버리고 예수님을 따

45

르는 제자가 되었습니다.

예수님을 십자가에 못 박았던 사람들은 자기들이 하는 일이 얼마나 큰 죄를 짓는 일인지 알지 못했습니다. 예수님께서 부활하고 승천하신 후, 약속하신 대로 오순절에 성령께서 강림하셨습니다. 성령의 충만함을 받은 베드로는 예수님을 십자가에 못 박은 사람들을 향해 이렇게 외쳤습니다.

> 너희가 십자가에 못 박은 이 예수를 하나님이
> 주와 그리스도가 되게 하셨느니라 행 2:36

그 설교를 듣고 있는 유대인들의 마음에 갑자기 통렬한 죄책감이 생겼습니다. 그들은 "우리가 어찌할꼬?"(행 2:37) 하면서 울부짖으며 베드로 앞에 나아와 예수님을 영접했습니다. 바로 그 순간이 그들에게는 십자가의 예수님을 만나는 순간이었던 것입니다.

18세기 미국에 대 부흥이 일어났습니다. 이 부흥의 불길은 조나단 에드워즈(Jonathan Edwards) 목사의 설교에서 시작되었습니다. 어느 주일날 에드워즈 목사는 〈진노한 하나님의 손에 붙들린 죄인들〉이란 제목의 설교를 준비하고 주일 예배 때 설교 원고를 읽었습니다. 그런데 그 설교를 듣는 사람들이 저마다 통회 자복하기 시작했습니다. 1600년대, 1700년대 미국 사람들이 우리보다 더 죄를 많이 지었을까요? 아닙니다. 그들은 말씀을 통하여 다가오시는 빛 되신 주님을 만났던 것입니다. 그리고 죄를 깨닫는 결과를 가져왔습니다. 그들은 그 죄를 그 밤에 해결하지 않고는 잠을 이룰 수 없었습니다. 부흥은 그렇게 왔습니다.

십자가의 예수님을 인격적으로 만나야 자신의 죄를 깨달을 수 있습니다. 자신의 죄를 깨닫는 것이 거듭남의 시작이며, 제자 됨의 시작입니다. 자신이 어떤 죄인인지를 깨닫는 것이 십자가의 능력을 아는 것입니다.

1984년에 저는 군목으로 임관하기 위해 훈련소에 입소했습니다. 그런데 장교 훈련을 받다가 그만 고관절 부위가 부러지는 중상을 입고 국군통합병원으로 긴급 후송되어 응급수술을 받게 되었습니다.

군의관은 엑스레이 사진을 살펴보더니 상태가 매우 좋지 않다며 최선을 다하겠지만 완벽하게 치료하기는 어려워 아마도 십중팔구 다리에 장애를 입게 될 것이라고 말했습니다. 도무지 실감나지 않는 이야기였습니다. '내가 장애인이 되다니⋯.' 믿을 수가 없었습니다.

급하게 다음 날로 수술 스케줄이 잡혔습니다. 저 역시 너무 당황스러워서 어찌할 바를 몰랐습니다. 부모님과 아내에게는 연락을 해야겠는데 마땅히 연락을 부탁할 사람조차 없었습니다. 수술 준비를 마친 의료진과 위생병이 나가고 저는 수술 대기실에 홀로 남겨졌습니다. 시계를 보니 밤 11시가 지나고 있었습니다. 그제야 비로소 하나님이 생각났습니다.

"하나님!"

저는 큰 소리로 하나님을 불렀습니다. 그러나 하나님은 아무 응답이 없으셨습니다. 저는 다시 하나님을 찾았습니다.

"하나님….", "하나님!"

세 번 하나님을 불렀습니다.

"아, 아무 대답이 없으시다니…."

그 순간 속에서 뜨거운 것이 치밀어 오르며 통곡이 터져 나왔습니다. 너무나 비참했습니다. 다리에 장애를 입게 되었다는 사실이 비참한 게 아니었습니다. "아, 내가 엉터리 목사였구나!"라는 사실이 나를 비참하게 만들었습니다. 하나님을 열심히 믿고 설교도 열심히 하고 3대째 목사요 사람들로부터 '훌륭하다', '모범적이다'라는 칭찬을 들어왔습니다. 그런 제가 그 순간 하나님을 어떻게 찾는지도, 어떻게 해야 응답을 받는지도 모른다는 것이 너무 끔찍하게 느껴졌습니다. 그때 머릿속에 번개처럼 떠오르는 것이 있었습니다.

저는 군 선교를 위해 군목을 간다고 했습니다. 그러나 내면의 진정한 동기는 사병생활보다 장교생활이 더 편해 보여서 지원한 것이었습니다. 또 목사 안수도 일찍 받고, 제대하고 유학도 다녀온 후 큰 교회 담임목사가 되는 것이 그 당시 저의 꿈이었습니다. 겉으로는 하나님의 종이라고 하면서 사실 제 안에는 하나님을 이용해서 성공하려는 교활한 야심이 있었던 것입니다. 제 안에 육신의 정욕, 안목의 정욕, 이생의 자랑, 세상의 모든 더러운 것이 다 들어있음을 그제야 깨달았습니다.

그날 밤, 하나님께서 제 마음 깊은 곳까지 샅샅이 드러내 보여주셨고, 저는 밤새 얼마나 울며 회개했는지 모릅니다. 하나님이 다 보고 계셨는데 사람의 눈에만 안 보이면 죄가 아닌 줄 알았습니다. 새벽녘이 되면서 저는 제가 당한 사고가, 사고가 아니라 은혜였음을 깨달았습니다.

'내가 이 모습으로 어떻게 목사가 될 수 있을까? 이대로 두면 안 될 것 같으니까 하나님께서 내 다리를 치셨구나!'

그때 비로소 진짜 저 자신을 보게 되었습니다. 깊이 뿌리박힌 저의 죄를 주님의 십자가 보혈의 능력으로 씻어주시기를 구하면서 그 새벽에 저는 예수님을 인격적으로 만났습니다. 다리를 절지 않도록 고쳐 달라던 기도가 이렇게 바뀌었습니다.

"하나님, 이 오른쪽 다리를 하나님께 바치겠습니다!"

사지가 멀쩡하면 또다시 야망대로 살 테니 차라리 하나님을 위해 장애를 안고 살아가는 것이 낫겠다는 생각을 했습니다.

"하나님, 저는 이제 진짜 하나님의 종이 되고 싶습니다. 하나님께서 가라고 하시는 곳에서, 하나님께서 주시는 사명을 감당하다가 하나님 앞에 갔을 때, '나의 종아, 수고했다!' 이 말씀 한마디만 듣게 된다면 저는 원이 없겠습니다."

그렇게 하나님 앞에 오른쪽 다리를 바치겠다고 고백하자 하염없이 눈물이 흘렀습니다. 두렵고 비참해서 흘린 눈물이 아니었습니다. 그때 저는 분명히 느꼈습니다.

'내 인생이 바뀌고 있구나! 지금까지는 내 마음대로 살았는데, 이제부터는 진짜 하나님의 종이 되는 것이다!'

내면 깊은 곳에서부터 말로 다 표현할 수 없는 감격이 솟구쳐 올랐습니다. 감사하게도 수술은 무사히 끝났고 그 후 두 번의 추가 수술 끝에 저는 온전히 치유되어 다리도 절지 않게 되었습니다. 물론 그 다리가 지금까지 약간의 일기예보 역할을 하고 있지만 그래서 오히려 더 감사합니다. 그 흉터를 보고 만질 때마다 하나님 앞에 결단하고 주님을 바라보았던 그때를 떠올리게 되니 정말 복된 흉터가 아니고 무엇이겠습니까?

Q. 당신은 지옥에 갈 죄인이라는 사실을 깨달았습니까? 그때가 언제였습니까?

-----------------------------------------------------

-----------------------------------------------------

-----------------------------------------------------

-----------------------------------------------------

-----------------------------------------------------

-----------------------------------------------------

-----------------------------------------------------

# 03

# 남을 정죄할 자격이 없다

비판을 받지 아니하려거든 비판하지 말라
마태복음 7장 1절

**3과 핵심요약**

❶ 십자가의 능력을 알고 있는
지, 자신이 죄인임을 깨닫게
되었는지 알아보는 질문이
있다. "당신보다 더 악질적
인 사람을 본 적이 있는가?

❷ 십자가에 눈이 뜨인 사람은
누구도 자기를 의롭다고 생
각하지 않는다.

❸ 예수님을 만나면 다른 사람
을 향해 가지고 있던 마음의
돌이 내려놓아진다.

❹ 이것을 깨달은 사람이 진정
으로 십자가의 능력을 아는
사람이다.

십자가의 능력은 우리가 얼마나 큰 죄인인가를 깨닫게 합니다. 그
렇다면 당신 자신이 죄인임을 깨달았습니까? 내가 십자가의 능력
을 알고 있는지 모르는지, 예수님을 만났는지 못 만났는지는 한
가지 질문을 던져보면 알 수 있습니다.

Q. 당신은 지금까지 자신보다 더 악질인 사람을 본 적이 있습니까? 더
   악질인 사람이 있다면 누구인지 생각나는 대로 써보세요.

_____

_____

만약 이 질문에 생각나는 사람이 있다면 여러분은 아직 십자
가의 능력을 알고 있는 것은 아닙니다. 십자가를 보는 눈이 뜨인

사람은 누구도 자기를 의롭다고 생각하지 않습니다. 남을 정죄할
수 없습니다. 예수님께서 누구의 죄 때문에 십자가에서 죽으셨습
니까? 바로 내 죄 때문에 죽으셨습니다. 그렇다면 세상에 나보다
더 나쁜 사람, 나보다 더 악질인 사람은 없는 것입니다.

사도 바울은 예수님을 영접하기 전에는 스스로 의로운 사람이
라고 생각했습니다. 그는 빌립보 교인들에게 편지를 쓰면서 자신
의 과거 삶에 대해서 이렇게 말했습니다.

나는 팔일 만에 할례를 받고 이스라엘 족속이요 베냐민 지파요

히브리인 중의 히브리인이요 율법으로는 바리새인이요 열심으로는

교회를 박해하고 율법의 의로는 흠이 없는 자라 빌 3:5-6


그래서 자신의 기준으로 예수님을 믿는 사람들을 판단하고 박
해했습니다. 그러던 그가 예수님을 믿는 사람들을 잡아 죽이려고
다메섹으로 가다가 예수님을 만났습니다. 부활하신 예수님을 만
나고 그는 이렇게 고백했습니다.

미쁘다 모든 사람이 받을 만한 이 말이여 그리스도 예수께서

죄인을 구원하시려고 세상에 임하셨다 하였도다 죄인 중에 내가

괴수니라 딤전 1:15


사도 바울은 예수님을 만나기 전에는 자신이 의로운 사람이라
고 생각했지만 예수님을 만난 후로는 자신을 죄인 중에 괴수라고

고백했습니다. 이것이 바로 십자가의 능력이며, 자기 죄를 깨달은 사람의 모습입니다.

저는 예수님을 영접할 때 '내가 가장 큰 죄인이구나!' 하고 깨달 았습니다. 이것은 결코 겸손의 표현이 아닙니다.

저는 어려서부터 만나는 사람에게 "착하다, 모범적이다."라는 말을 들었습니다. 그러니 저는 당연히 나는 착하고 모범생이고 세상에는 나쁘고 못된 사람들도 많다고 생각한 것입니다. 그러나 이것이 얼마나 큰 죄인지 저는 몰랐습니다.

그런데 어느 날 바리새인과 세리의 기도를 묵상할 때 주님께 서 그것이 얼마나 큰 죄인지 깨닫게 하셨습니다. 예수님 당시 바 리새인들은 세리와 창기, 죄인들을 판단하고 정죄했습니다. 세리 는 가슴을 치며 자신의 죄를 회개하고 있는데 바리새인은 "하나 님이여, 나는 다른 사람들 곧 토색, 불의, 간음을 하는 자들과 같 지 아니하고 이 세리와도 같지 아니함을 감사하나이다"라고 기도 했습니다. 그러나 예수님이 보시기에 바리새인들은 세리와 창기 보다도 더 큰 죄인이었습니다. 말씀을 묵상하며 생각해보니 제가 바로 그 바리새인이었던 것입니다.

우리 주변에도 바리새인의 영성을 가진 사람이 얼마나 많은지 모릅니다. 겉으로는 경건하고 말씀도 많이 알고, 교회 봉사도 열 심히 합니다. 그런데 마음은 바리새인의 마음입니다. '저렇게 나 쁜 사람이 있나?', '저렇게 믿음 없는 사람이 있나?' 다른 사람에

대해 끊임없이 판단하고 비판합니다. 그러나 예수님이 보시기에
는 다 같은 죄인일 뿐입니다.

Q. 마태복음 7:1-5에서 예수님께서는 왜 남을 비판하지 말라고 말씀하
  셨습니까?

  비판하는 그 비판으로 비판을 받을 것이며,

  비판하는 자신의 죄가 더 크기 때문에.

**마태복음 7:1-5**
1비판을 받지 아니하려거든 비
판하지 말라 2너희가 비판하는
그 비판으로 너희가 비판을 받
을 것이요 너희가 헤아리는 그
헤아림으로 너희가 헤아림을
받을 것이니라 3어찌하여 형제
의 눈 속에 있는 티는 보고 네
눈 속에 있는 들보는 깨닫지 못
하느냐 4보라 네 눈 속에 들보
가 있는데 어찌하여 형제에게
말하기를 나로 네 눈 속에 있는
티를 빼게 하라 하겠느냐 5외
식하는 자여 먼저 네 눈 속에서
들보를 빼어라 그 후에야 밝히
보고 형제의 눈 속에서 티를 빼
리라

우리는 욕심을 가지고 있으면서 다른 사람의 욕심을 비난합니
다. 자신도 거짓을 품고 있으면서 다른 사람의 거짓을 참지 못합
니다. 자신도 이기적이면서 이기적인 사람을 정죄합니다. 우리가
십자가의 능력으로 거듭나게 되면 가장 먼저 이것부터 깨닫게 됩
니다. 그래서 다른 사람에 대해 할 말이 없어집니다.

저는 하나님 앞에 "저는 목사의 자격이 없습니다."라고 기도를 드
립니다. 솔직히 말씀을 드리면 저는 정말 자격이 없습니다. 성도
들은 저를 목사로 생각해주지만 저 자신을 제가 너무나 잘 아니
까 하나님 앞에서 목사라고 할 자격이 없습니다.

그런데 어느 날 안타까워 기도하는데 하나님께서 제게 음성을
들려주셨습니다.

"네가 목사의 자격이 없는 것을 아느냐?"

"예, 제가 압니다."

"그러면 다른 사람을 볼 때도 그 마음으로 보아라."

그때 깨달았습니다.

'하나님이 내 허물과 죄악을 그냥 덮어주시는 것은 다른 사람을 정죄하고 판단하지 않게 하시기 위함이구나!'

회개하는 것을 보면 경건한 그리스도인이 더 애통하면서 회개합니다. 죄를 많이 짓고 사는 사람이 오히려 회개하지 않습니다. 눈물의 양으로 보면 경건한 자가 더 많은 죄를 지은 것 같습니다. 그러나 사실 경건한 그리스도인이 애통하는 이유는 자기 죄를 더 많이 보기 때문이고, 방탕한 자가 울지 않는 것은 자기 죄를 보지 못하기 때문입니다.

**요한복음 8:1-11**

1예수는 감람 산으로 가시니라 2아침에 다시 성전으로 들어오시니 백성이 다 나아오는지라 앉으사 그들을 가르치시더니 3서기관들과 바리새인들이 음행중에 잡힌 여자를 끌고 와서 가운데 세우고 4예수께 말하되 선생이여 이 여자가 간음하다가 현장에서 잡혔나이다 5모세는 율법에 이러한 여자를 돌로 치라 명하였거니와 선생은 어떻게 말하겠나이까 6그들이 이렇게 말함은 고발할 조건을 얻고자 하여 예수를 시험함이러라 예수께서 몸을 굽히사 손가락으로 땅에 쓰시니 7그들이 묻기를 마지 아니하는지라 이에 일어나 이르시되 너희 중에 죄 없는 자가 먼저 돌로 치라 하시고 8다시 몸을 굽혀 손가락

Q. 요한복음 8:1-11을 읽고 다음 질문에 대한 답을 쓰세요.

**1. 율법에 의하면 간음한 여인을 어떻게 하라고 했습니까?(5절)**

돌로 치라고 헸음.

**2. 서기관들과 바리새인의 질문에 예수님은 어떻게 대답하셨습니까?(7절)**

너희 중에 죄 없는 자가 먼저 돌로 치라.

**3. 예수님의 말씀에 사람들은 어떻게 반응했습니까?**

양심의 가책을 느껴 어른부터 젊은이까지 현장을 떠남.

**4. 당신은 예수님을 영접한 후 마음의 돌을 다 내려놓았습니까?**

으로 땅에 쓰시니 9그들이 이 말씀을 듣고 양심에 가책을 느껴 어른으로 시작하여 젊은이까지 하나씩 하나씩 나가고 오직 예수와 그 가운데 섰는 여자만 남았더라 10예수께서 일어나사 여자 외에 아무도 없는 것을 보시고 이르시되 여자여 너를 고발하던 그들이 어디 있느냐 너를 정죄한 자가 없느냐 11대답하되 주여 없나이다 예수께서 이르시되 나도 너를 정죄하지 아니하노니 가서 다시는 죄를 범하지 말라 하시니라

예수님을 만나면 다른 사람들에 대해 가지고 있던 마음의 돌이 내려놓아집니다. 자기를 의롭다고 생각하지 않고 남을 정죄하지 않게 됩니다. 자신이 얼마나 큰 죄인인지 깨달았기 때문입니다. 이것을 깨달은 사람이 진정으로 십자가의 능력을 아는 사람입니다. 이런 사람은 만날수록 은혜롭고, 이런 사람이 모여 천국 같은 가정, 천국 같은 교회를 이루게 되는 것입니다.

Q. 오늘 새롭게 깨달은 당신의 죄는 무엇입니까?

# 04
# 믿어지는
# 하나님의 은혜

허물의 사함을 받고
자신의 죄가 가려진 자는 복이 있도다
시편 32편 1절

**4과 핵심요약**

❶ 은혜란 받을 만한 자격이 없는 자에게 베풀어주시는 하나님의 넘치는 사랑이다.

❷ 지옥에 가야 마땅한 나를 위해 예수님께서 죽으심으로 하나님께서 나를 향한 하나님의 사랑을 확증하셨다.

❸ 속죄함의 은혜가 가장 큰 복이다.

❹ 십자가의 능력은 '하나님께서 나를 사랑하신다.'는 사실이 믿어지는 것이다.

우리는 교회에서 은혜라는 말을 자주 사용합니다. 은혜란 무엇을 의미할까요? 은혜란 받을 만한 자격이 없는 자에게 베풀어주시는 하나님의 넘치는 사랑입니다. 우리는 자격이 없는 사람들입니다. 지옥에 갈 죄인들일 뿐입니다.

그런데 하나님께서는 우리를 죄에서 구원하기 위하여 예수님을 십자가에 내어주셨습니다. 죄는 내가 지었는데 죗값은 예수님께서 담당하셨습니다. 하나님께서 그렇게 우리를 사랑하신다는 것입니다.

이 은혜가 믿어지는 것이 바로 십자가의 능력입니다.

Q. 당신은 어떤 은혜를 받고 있는지 아래 성경구절을 읽고 답을 쓰세요.

### 1. 이사야 53:4-6

나의 죄악을 예수님이 대신 담당하신 은혜.

---

### 2. 로마서 5:6-8

죄인 된 나를 위해 그리스도께서 십자가에 달려 죽으신 은혜.

---

예수님을 믿고 행복해졌습니까? 어떤 성도가 '예수님을 믿어도 받은 복이 없다.'고 말하는 것을 들었습니다. 이 사람은 예수님을 믿는다고 하지만 아직 십자가의 능력을 모르는 사람입니다. 정말 십자가의 능력을 안다면 자신이 예수님을 믿고 얼마나 큰 복을 받았는지, 얼마나 하나님의 큰 사랑을 받고 있는지 모를 수가 없습니다.

몇 년 전, 위기에 처한 십대 소녀들을 수용하는 사회복지시설에서 부흥회를 인도한 적이 있었습니다. 그곳에는 중·고등학생 또래의 여자아이들이 100여 명 정도 모여 있었습니다. 그들이 얼마나 뜨겁게 찬송하고 기도했던지 말씀을 전하기도 전에 이미 부흥이 임한 것만 같았습니다.

말씀을 전하기에 앞서 기도하는데 "저들이 하나님 사랑을 정말 믿는지 확인하라."는 강한 내면의 음성이 들려왔습니다. 당연히 하나님의 사랑을 믿으니까 저렇게 뜨겁게 찬송하고 기도하리

**이사야 53:4-6**

4그는 실로 우리의 질고를 지고 우리의 슬픔을 당하였거늘 우리는 생각하기를 그는 징벌을 받아 하나님께 맞으며 고난을 당한다 하였노라 5그가 찔림은 우리의 허물 때문이요 그가 상함은 우리의 죄악 때문이라 그가 징계를 받으므로 우리는 평화를 누리고 그가 채찍에 맞으므로 우리는 나음을 받았도다 6우리는 다 양 같아서 그릇 행하여 각기 제 길로 갔거늘 여호와께서는 우리 모두의 죄악을 그에게 담당시키셨도다

**로마서 5:6-8**

6 우리가 아직 연약할 때에 기약대로 그리스도께서 경건하지 않은 자를 위하여 죽으셨도다 7의인을 위하여 죽는 자가 쉽지 않고 선인을 위하여 용감히 죽는 자가 혹 있거니와 8우리가 아직 죄인 되었을 때에 그리스도께서 우리를 위하여 죽으심으로 하나님께서 우리에 대한 자기의 사랑을 확증하셨느니라

라는 생각이 들었지만 주신 마음에 순종하여 저는 이렇게 질문 했습니다.

"하나님께서 정말 자신을 사랑하신다는 사실이 솔직히 믿어지지 않는 사람이 있습니까? 손 들어보세요."

맨 앞에 앉아 있던 아이가 손을 들었습니다. 그 아이를 필두로 놀랍게 계속해서 아이들이 손을 들기 시작했습니다. 거기에 모인 모든 아이가 손을 든 것 같았습니다. 그들은 자신의 망가진 인생, 불행한 가정을 보며 자신이 하나님의 사랑을 받을 만한 존재가 못된다고 생각한 것입니다. 겉으로 그렇게 뜨겁게 찬송하고 기도하면서도 말입니다.

많은 사람이 하나님의 사랑을 믿지 못합니다. 여전히 하나님께서 누구를 가장 사랑하시는지가 궁금합니다. 이런저런 사람이 생각납니까? '저 사람은 진짜 행복할 거야!' 부러운 마음이 드는 사람이 있습니까? 그렇다면 아직 예수님을 인격적으로 만나지 못한 것입니다.

우리가 아직 죄인 되었을 때에 그리스도께서 우리를 위하여
죽으심으로 하나님께서 우리에 대한 자기의 사랑을 확증하셨느니라

롬 5:8

생각해보세요. 나는 지옥에 가야 마땅한 죄인이었습니다. 그런데 하나님께서 나를 사랑하셔서 예수님에게 십자가를 대신 지게

하셨습니다. 그 은혜로 구원받았고 지금은 예수님이 내 마음 안에 와 계십니다. 그렇다면 하나님께서 누구를 제일 사랑하실까요? 예수님 안에 있는 바로 나입니다. 이 사실을 알고 있으면서도 진짜 믿지 않으니까 좋은 환경을 찾고, 형편이 좋아 보이는 사람을 찾는 것입니다.

어느 목사가 저희 교회에 부목사로 사역하고 싶다고 찾아왔습니다. 이유는 저희 교회에서 목회를 하면 행복할 것 같다는 것입니다. 그러면서 하는 말이 고등학교 2학년 때 성령체험을 하고 집안의 반대를 무릅쓰고 신학교에 갔는데 재정적인 어려움을 많이 겪었다고 했습니다. 신학교를 졸업하고 부목사가 되어서는 담임목사와 관계가 어려웠고, 지금은 담임목회를 하고 있는데 부흥이 안 돼 힘들다는 것입니다. 신학교 다닐 때부터 지금까지 행복한 적이 없다는 것이었습니다. 그래서 딱 1년 만이라도 좋으니 행복한 교회에서 행복한 목회를 하고 싶다고 했습니다. 그러나 하나님의 사랑도, 예수님도 행복하게 해주지 못한다면 누가, 어떤 교회가 그 목사를 행복하게 해줄 수 있겠습니까? 제가 예수님 안에서 행복을 찾으실 것을 권면했을 때 그 목사는 기쁨으로 받아들였습니다.

Q. 예수님을 믿고 난 후 당신이 받은 복은 무엇입니까?

-------------------------------------------------------------------

-------------------------------------------------------------------

어느 목사의 부활절 설교입니다.

"저에게 생명과 같이 소중한 것들이 있습니다. 아이들은 저를 아버지로 인정하여 존경합니다. 아내도 저를 남편으로 극진히 사랑해주며 다른 많은 교인이 저를 제법 좋은 목사로 인정해 줍니다. 이것이 무너진다면 내 생명과 인생은 아무것도 아닙니다. 그러나 저에게는 그와 같은 축복의 관계를 단번에 다 깨뜨릴 수 있는 죄와 허물이 있습니다.

그동안 제가 지은 죄의 1/10 아니 1/100이라도 드러나고 공개된다면 저들은 제가 자기들의 아버지와 남편 그리고 목사라는 사실을 인정하기 싫어할지도 모릅니다. 제게 그것처럼 치명적인 일이 어디 있겠습니까? 저는 "죄의 삯이 사망"이라는 말씀에 천 번, 만 번 동의합니다. 죄의 삯은 사망이 맞습니다. 자식에게 아버지로 존경받지 못한다면, 아내에게 남편으로 사랑받지 못한다면, 그리고 목사로서 교인들에게 인정받지 못한다면 그것을 어떻게 살아 있는 것이라고 할 수 있겠습니까? 그래서 저는 속죄의 은혜가 가장 큰 복임을 믿습니다. 또 "오직 의인은 믿음으로 산다"는 말씀도 확실히 믿습니다. 제가 지금 바로 그 믿음으로 살기 때문입니다.

이사야 1장 18절에서 "오라 우리가 서로 변론하자 너희의 죄가 주홍 같을지라도 눈과 같이 희어질 것이요 진홍 같이 붉을지라도 양털 같이 희게 되리라" 하신 말씀이 맞습니다. 주홍같이 붉었던 제 죄가 정말 흰 눈같이 되었습니다. 정말 양털같이 되었습니다. 그리하여 자녀들에게 존경받는 아버지, 아내에게 사랑받는 남편 그리고 교인들에게 인정받는 목사가 될 수 있는 자격을 얻게 되었습니다.

당신의 과거 죄가 다 드러난다면 얼마나 두려운 일이겠습니까? 지금까지 당신을 사랑하고 존경하던 사람들이 당신을 어떻게 생각하겠습니까? 하나님 앞에서는 어떻겠습니까? 천국을 갔는데 지난 과거의 모든 기록이 다 그대로 있다면 당신의 마음은 얼마나 괴롭겠습니까? 그러나 복음은 우리의 죄가 십자가의 보혈로 깨끗하게 되었다고 말합니다.

허물의 사함을 받고 자신의 죄가 가려진 자는 복이 있도다 시 32:1

천국에 가 보면 죄가 가려지고 씻김 받은 복이 가장 큰 복임을 알 수 있습니다. 그 자리에서는 다른 어떤 복도 다 의미가 없습니다. 물질의 복, 건강의 복, 성공의 복도 귀하지만 죄 사함의 복보다 더 귀한 복은 없습니다. 속죄함의 은혜가 가장 큰 복입니다.

하나님께서 나를 사랑하신다는 사실이 믿어진다면 그것이 십자가의 능력입니다. 우리의 죄가 십자가에서 완전히 용서되었다는 사실이 깨달아지게 됩니다.

당신은 이 놀라운 속죄의 은혜를 누리며 사십니까? 안타까운 것은 예수님을 믿으면서도 속죄의 은혜를 누리지 못한 채 죄책감에 사로잡혀 사는 사람들이 너무나 많다는 사실입니다.

부흥회를 인도하러 갔던 교회에서 만난 어느 권사의 이야기입니다. 그는 17세에 시집을 갔는데 남편이 곧바로 만주로 징용을 가는 바람에 임신을 한 채 친정으로 돌아올 수밖에 없었습니다. 당시는 나무껍질도 벗겨 먹던 어려운 시절인지라 아홉이나 되었던 친정 식구들의 눈길이 차가웠습니다. 그런데 쌍둥이를 낳았습니다. 어린 산모로서는 감당할 수 없었습니다. 그래서 한 아이는 어쩔 수 없이 젖을 주지 않아 죽였습니다.

이 사실은 누구에게도 말하지 못하는 비밀이었고, 예수님을 영접했지만 이 죄의 짐을 평생 지고 살았습니다. 교회 권사가 되고서도 '하나님 앞에 가면 이 죄를 어떻게 하나?' 하는 생각에 속죄하는 마음으로 교회의 힘든 일들은 도맡아 하면서 기쁨 없이 신앙생활을 했습니다.

상담을 하면서 "예수님의 십자가 은혜로 권사님의 죄가 이미 용서받았고, 하나님은 여전히 권사님을 사랑하십니다."라고 말씀드렸습니다. 그러자 그는 자식 죽인 어미도 용서하시고 사랑하신다는 십자가 복음 앞에 엎드려 통곡했습니다.

그날 저녁 집회 후 권사님이 환하게 웃는 표정으로 성도들과 인사하는 모습을 보고 교회 담임목사와 교우들이 모두 깜짝 놀라는 것을 보았습니다. 이것이 바로 십자가의 능력입니다.

Q. 당신은 하나님의 십자가 사랑을 누리며 살고 있습니까? 만약 자신이
  행복한 사람이라고 느끼지 못하고 있다면 그 이유는 무엇입니까?

-------------------------------------------------------------

-------------------------------------------------------------

-------------------------------------------------------------

-------------------------------------------------------------

-------------------------------------------------------------

-------------------------------------------------------------

# 05

# 축복의
# 확신

우리가 아직 죄인 되었을 때에 그리스도께서
우리를 위하여 죽으심으로 하나님께서
우리에 대한 자기의 사랑을 확증하셨느니라
로마서 5장 8절

## 5과 핵심요약

❶ 하나님의 사랑은 환경에 따라 달라지는 것이 아니라 십자가를 통해 이미 확증된 진리이다.

❷ 진정한 회개는 하나님의 사랑을 깨달을 때 시작된다.

❸ 십자가 능력으로 하나님의 사랑을 누리는 사람은 회개와 함께 축복의 확신이 생긴다.

❹ 십자가에서 확증된 하나님의 사랑을 진실로 믿는 믿음이 하나님의 사랑과 축복에 대한 믿음이 된다.

많은 사람이 하나님의 사랑과 은혜를 자신의 삶 가운데 벌어지는 일을 보고 그때그때 판단합니다. 일이 잘되면 '하나님께서 나를 사랑하셔' 하다가 환경이 어려워지면 하나님의 사랑을 의심합니다. 이런 사람은 십자가의 능력으로 예수님을 믿는 사람이 아닙니다. 하나님의 사랑은 환경을 통해 그때그때 확인해야 알 수 있는 것이 아니라 이미 확증된 진리입니다.

우리가 아직 죄인 되었을 때에 그리스도께서 우리를 위하여
죽으심으로 하나님께서 우리에 대한 자기의 사랑을 확증하셨느니라

롬 5:8

로마서 8장 35-39절에 보면 초대교회 성도들이 엄청난 고난

에 직면해 있었다는 것을 알 수 있습니다. 그들은 박해를 받고, 굶주리고, 헐벗고, 죽음의 위협을 당하고 있었습니다. 마치 도살 당할 양 같은 불안한 처지에 있었습니다. 환경만 바라본다면 하나님을 부인할 수밖에 없는 상황이었습니다. 이 현실 속에서도 그들은 이렇게 고백했습니다.

그러나 이 모든 일에 우리를 사랑하시는 이로 말미암아
우리가 넉넉히 이기느니라 롬 8:37

이것은 그들이 사랑의 실제이신 예수님을 늘 바라보고 있었다는 확실한 증거입니다. 십자가는 하나님의 사랑을 나타내는 가장 강력한 표징입니다. 그 놀라운 사랑이 모든 것을 바꾸고 변화시킵니다. 우리가 과거에 어떤 삶을 살았든지, 어떤 죄를 지었든지, 현재 어떤 문제가 있든지 그 사랑으로 인하여 새로워질 수 있습니다.

Q. 누가복음 15:11-24에 나오는 아버지 사랑은 어떤 사랑입니까?
   아들을 용납하고 기다리는 사랑.

우리는 이 이야기를 흔히 '탕자 이야기'라고 부릅니다. 둘째 아들이 아버지에게 자기 몫의 유산을 달라고 하는 것은 당시에는 엄청난 죄였습니다. 지금이야 '그럴 수도 있지.'라고 할 수 있지만

**누가복음 15:11-24**

11 또 이르시되 어떤 사람에게 두 아들이 있는데 12 그 둘째가 아버지에게 말하되 아버지여 재산 중에서 내게 돌아올 분깃을 내게 주소서 하는지라 아버지가 그 살림을 각각 나눠 주었더니 13 그 후 며칠이 안 되어 둘째 아들이 재물을 다 모아 가지고 먼 나라에 가 거기서 허랑방탕하여 그 재산을 낭비하더니 14 다 없앤 후 그 나라에 크게 흉년이 들어 그가 비로소 궁핍한지라 15 가서 그 나라 백성 중 한 사람에게 붙여 사니 그가 그를 들로 보내어 돼지를 치게 하였는데 16 그가 돼지 먹는 쥐엄 열매로 배를 채우고자 하되 주는 자가 없는지라 17 이에 스스로 돌이켜 이르되 내 아버지에게는 양식이 풍족한 품꾼이 얼마나 많은가 나는 여기서 주려 죽는구나 18 내가 일어나 아버지께 가서 이르기를 아버지 내가 하늘과 아버지께 죄를 지었사오니 19 지금부터는 아버지의 아들이라 일컬음을 감당하지 못하겠나이다 나를 품꾼의 하나로 보소서 하리라 하고 20 이에 일어나서 아버지께로 돌아가니라 아직도 거리가 먼데 아버지가 그를 보고 측은히 여겨 달려가 목을 안고 입을 맞추니 21 아들이 이르되 아버지 내가 하늘과 아버지께 죄를 지었사오니 지금부터는 아버지의 아들이라 일컬음을 감당하지 못하겠나이다 하나 22 아버지는 종들에게 이르되 제일 좋은 옷을 내어다가 입히고 손에 가락지를 끼우고 발에 신을 신기라 23 그리고 살진 송아지를 끌

당시 유대인들의 시각으로 보면 그것은 아버지가 죽기를 바라는 것과 같은 것이었습니다. 유산을 주지 않고 내쫓을 수도 있었지만 아버지는 순순히 둘째 아들의 요구대로 유산을 나누어주었습니다. 유산을 안 주면 아들을 영원히 잃어버릴 것을 알았기 때문입니다.

흔히 말하는 탕자 이야기는 방탕한 둘째 아들에게 초점을 맞춘 제목입니다. 하지만 저는 이 이야기의 초점을 아버지에게 두어야 한다고 생각합니다. 왜냐하면 이 이야기는 방탕한 우리를 징계하지 않으시고 돌아오기를 간절히 기다리시는 아버지 하나님의 모습을 그리고 있기 때문입니다.

이 아버지의 모습은 우리가 하나님으로부터 얼마나 큰 사랑을 받고 있는지를 깨닫게 합니다. 우리가 이 사랑을 깨달을 때 진정으로 회개할 수 있습니다. 매 맞는 것이 두려워서 하는 회개는 온전한 회개가 아닙니다. 아버지의 사랑 앞에서 자기 죄를 깨닫고 돌아오는 것이 진정한 회개입니다. 아버지는 탕자가 완전한 거지, 완전한 실패자의 모습으로 돌아왔을 때 그를 달려가서 끌어안았습니다. 돼지 오물로 엉망인 아들을 그대로 끌어안고 입을 맞추었습니다. 그 순간 탕자의 죄와 고통의 짐은 벗겨졌습니다.

십자가의 능력은 우리를 향한 하나님의 위대한 사랑을 깨닫게 합니다. 진정한 회개는 하나님의 사랑을 깨달을 때 시작됩니다. 십자가에 담긴 하나님의 사랑을 알고 나면 불평했던 것, 원망했던 것, 낙심했던 것, 열심 없이 신앙생활 했던 것, 헌신하지 못했던 것이 죄였음을 깨닫게 됩니다. 그리고 회개하게 됩니다.

방탕한 아들을 둔 목사가 있었습니다. 아들 때문에 목회를 제대로 하지 못하고 미국으로 이민을 갔습니다. 그러나 아들은 미국에서도 정신을 차리지 못하고 방탕하게 살았습니다. 하루는 그아들이 술에 취해 밤늦게 집에 들어와 침대에 쓰러져 자는데, 뜨거운 것이 손등과 팔에 뚝뚝 떨어지는 것이 느껴졌습니다. 술 취한 상태에서 눈을 떠 보니 어떤 시커먼 그림자가 자기 옆에 있어 깜짝 놀라서 자세히 보니 아버지가 옆에서 눈물로 기도하고 있는 것입니다.

"하나님, 이제는 아들이 돌아오게 해주옵소서. 제 생명을 거두어서라도 제 아들은 구하여 주옵소서."

이 기도를 들으면서 아들도 울었습니다. '잘못은 내가 했는데, 왜 아버지가 죽으려고 하시는가?' 그날 그 아들은 진정으로 회개하고 돌아섰습니다. 후에 게렛신학교를 졸업하고 목사가 되어 자기와 같은 처지의 한인 2세들을 위하여 사역하게 되었습니다.

십자가 능력으로 하나님의 은혜를 누리는 사람에게는 회개와함께 축복의 확신을 갖게 됩니다. 하나님의 사랑을 받고 살면서도 열등감, 좌절감, 낙심에 사로잡혀 사는 사람이 많습니다. 죄 용서와 구원의 믿음은 있는데, 축복의 믿음은 가지지 못한 사람이많습니다. 분명히 알아야 합니다. 축복의 믿음을 가질 때 그 믿음은 능력이고 기적이 됩니다. 두려움도 염려도 사라집니다. 이 믿음에서 진정한 감사가 나옵니다.

생전에 뵙지는 못했지만 저의 장인은 종교교회 담임목사이셨습니다. 장인어른은 40대의 젊은 나이에 간암으로 세상을 떠나셨습니다. 장모님은 슬퍼할 겨를도 없이 장례를 치르고 난 뒤 홀로 집으로 돌아왔고, 그제야 '아, 이제 정말 혼자구나!' 하는 슬픔과 외로움이 밀려왔다고 합니다. 맏딸인 집사람이 두세 달 후 대학 입시를 앞두고 있는 고3이었고 막내는 초등학교 1학년이었을 때라고 하니 그 막막한 심정이야 오죽했겠습니까? 사남매를 고스란히 남겨둔 채 남편은 세상을 떠났고, 사택도 곧 비워줘야 하니 집도 없고, 마땅히 먹고 살 방법도 없는 처지가 된 것입니다.

앞으로 어떻게 해야 할지 모르는 두려움과 염려가 걷잡을 수 없이 몰려왔을 때, 하필 교회 재정을 담당하는 장로님이 찾아와서 "사례비와 퇴직금, 장례 때 들어온 조의금을 모두 담았습니다. 교회에서 드리는 마지막 생활비입니다."라며 봉투를 하나 놓고 가시더랍니다. 그 밤에 장모님은 펑펑 울며 밤을 지새우며 기도했답니다.

"하나님, 어떻게 해요? 우리 어디 가서 살아요? 우리 아이들은 어떻게 공부시키고 어떻게 먹고 삽니까?"

그렇게 기도하는데 동이 틀 무렵 갑자기 이런 생각이 드셨다고 합니다.

'하나님께서 남편을 불러 가실 때에는 다 뜻이 있을 텐데 하나님께서 나와 아이들을 능히 먹이고 입히고 공부시키실 텐데, 내가 왜 이렇게 쓸데없는 걱정을 하고 있나?'

이런 믿음의 역사가 일어나자 슬픔과 두려움의 기도가 감사의 기도로 바뀌었습니다.

"하나님, 감사합니다. 하나님이 다 책임져 주신다니 감사합니다. 먹을 것도 공부시킬 것도 다 마련해 주실 테니 너무너무 감사합니다. 저는 걱정하지 않겠습니다."

어느덧 새벽기도회 시간이 되었습니다. 새벽기도회에 가려고 일어나 불을 켜니 방바닥에 봉투 하나가 보였습니다. 바로 어제 저녁 장로님이 두고 가신 봉투였습니다. 그때 장모님은 하나님께서 다 책임져 주실 것을 믿고 진정으로 감사하는 마음에 봉투를 열어보지도 않고 그대로 감사헌금으로 바쳤다고 합니다.

저는 장모님께 이 이야기를 듣고 '믿음은 그 자체가 기적이구나!' 하고 생각했습니다. 그 믿음이 어디서 온 것입니까? 바로 십자가에서 온 것입니다. 십자가에서 확증된 하나님의 사랑을 진실로 믿는 사람이 역경과 고난을 만나면 어떻게 반응합니까? 그 사람은 하나님의 사랑을 의심하지 않고 그 가운데 하나님의 뜻과 계획을 찾아냅니다. 하나님의 사랑과 복 주심을 흔들림 없이 믿게 하는 능력, 이것이 바로 십자가에서 나온 놀라운 능력입니다.

그리스도인이 열등감, 좌절감, 낙심에 빠지는 것은 상황과 환경이 힘들기 때문이 아닙니다. 하나님의 복 주심을 진정으로 믿지 못하기 때문입니다.

당신은 "나는 가장 큰 복을 받았다. 환경에 상관없이 하나님은 나를 사랑하신다."는 확신이 있습니까? 이에 대한 분명한 확신이 있는 자가 예수님을 인격적으로 만난 사람이요, 십자가의 능력을 아는 사람입니다.

어떤 전도사가 도자기를 만드는 성도의 집에 심방을 갔다가 두 개의 꽃병을 보고는 감탄하여 "이것은 얼마인가요?" 하고 물었습니다. 그 성도는 "저 두 개의 꽃병은 파는 것이 아닙니다."라고 대답하며 이유를 말해 주었습니다.

"저는 몇 년 전만 해도 술주정뱅이에 노름꾼이었지요. 그런데 어느 날 친구의 권유로 교회 집회에 참석하고 집에 돌아오는 길에 우연히 쓰레기더미에서 흙무더기를 발견하였습니다. 누군가가 쓸데가 없어서 버린 것이었지요. 저는 그걸 집에 가져와 반죽하고 모형을 만들어 구웠습니다. 저 꽃병은 그날 만든 것들입니다. 그날 저는 이런 생각을 했습니다. '내가 이런 일을 할 수 있다면 하나님께서도 나를 가지고 똑같은 일을 하실 수 있을 거야!' 그때부터 저는 제 자신을 하나님의 손에 맡기고 하나님께서 저를 새 사람으로 만들어주시기를 바랐습니다."

Q. 그동안 늘 받고 살아왔지만, 오늘 새롭게 깨달은 하나님의 은혜와 복
이 있습니까?

--------------------------------------------------------------------------------

--------------------------------------------------------------------------------

--------------------------------------------------------------------------------

--------------------------------------------------------------------------------

--------------------------------------------------------------------------------

--------------------------------------------------------------------------------

--------------------------------------------------------------------------------

# 소그룹
# 나눔 | 인도자용

**마음열기**
**(7분)**

- 찬양 : 구주의 십자가 보혈로(250장), 예수 피를 힘입어

- 기도 : 미리 정해진 순서에 따라 모임을 위해 기도합니다.

**과제점검**
**(3분)**

- 출석체크, 예습, Q.T여부, 기도생활

- 성경암송 점검 – 고린도전서 1:18

  십자가의 도가 멸망하는 자들에게는 미련한 것이요

  구원을 받는 우리에게는 하나님의 능력이라

**도입질문 및**
**각 과별 진행**
**(100분)**

Q. 주위의 믿지 않는 사람들이 여러분을 어떻게 생각하고 있는 것 같습니까?

교회에 다니는 사람입니까? 예수님을 믿는 사람입니까?

스스로 점검해 보고 대답해주세요.

❍ 반원들의 나눔이 끝나면 "우리 중에 어떤 분은 '교회만 다니는 사람인 것 같다.'고 솔직하게 말씀해주셨습니다. 그러면 어떻게 예수 믿는 사람이 될 수 있을까요?"라고 말하면서 자연스럽게 1과로 넘어갑니다.

# 01
# 십자가의 능력이
# 무엇인가?

**Q. 여러분에게 예수님의 십자가는 어떤 능력입니까? 솔직하게 쓰세요.**

◐ 모든 반원이 나누기보다는 한 가지 질문을 2-3명씩 나누게 하십시오.
이 질문에 대답할 때 반원들은 자연스럽게 자신의 신앙생활에 대한 문제의식을 갖게 될 것입니다.

-------------------------------

-------------------------------

-------------------------------

-------------------------------

-------------------------------

-------------------------------

-------------------------------

-------------------------------

-------------------------------

-------------------------------

**핵심 요약**   믿는 자에게 약속하신 삶이 바로 십자가의 능력을 누리는 삶입니다. 그 능력이 우리 삶을 놀랍게 변화시킵니다. 아무런 부족함도 느끼지 못할 정도로 만족하게 합니다. 주위에 엄청난 영향력을 끼칩니다. 시험을 만날 때 넉넉히 이기게 합니다.

하나님께서는 단순히 교회에 다니는 사람을 쓰시지 않습니다. 하나님께서 주목하시는 사람은 정말 예수 믿는 사람, 곧 십자가의 도가 하나님의 능력임을 아는 사람입니다.

# 02
# 죄를 깨닫게 하는 능력

◉ 반원들에게 나눔을 요청하기 전에 인도자 자신의 경험을 먼저 나누는 것이 좋습니다.

Q. 여러분 자신이 지옥에 갈 죄인이라는 사실을 깨달았습니까? 그때가 언제였습니까?

----------------------------------------

----------------------------------------

----------------------------------------

----------------------------------------

----------------------------------------

----------------------------------------

----------------------------------------

----------------------------------------

----------------------------------------

----------------------------------------

**핵심 요약** 내가 지옥에 갈 죄인이라는 사실을 깨닫게 해주는 것이 십자가의 능력입니다. 십자가의 예수님을 인격적으로 만나야 자신의 죄를 깨달을 수 있습니다. 자신의 죄를 깨닫는 것이 거듭남의 시작이며, 제자 됨의 시작입니다.

# 03
# 남을 정죄할 자격이
# 없다

Q. 여러분은 지금까지 자신보다 더 악질인 사람을 본 적이 있습니까? 더 악질인 사람이 있다면 누구인지 생각나는 대로 써보세요.

_____

_____

_____

Q. 오늘 새롭게 깨달은 자신의 죄는 무엇입니까?

_____

_____

_____

_____

_____

_____

○ 많은 사람이 자신을 죄인
이라고 생각은 하지만 마음
속 깊은 곳에서는 자신보다
악질인 사람이 많다고 생각
합니다. 이것은 십자가의 능
력을 깊이 깨닫고 있지 못함
을 말합니다.
바울이 어떻게 자신을 '죄인
중에 괴수'라고 말하게 되었
는지를 설명해주십시오.

○ 모든 반원이 이 질문에 대
해 나누도록 합니다.

---

**핵심
요약**  십자가에 눈이 뜨인 사람은 누구도 자기를 의롭다고 생각하지 않습니다. 바울
도 자신을 죄인 중에 괴수라고 고백했습니다. 나보다 더 악질인 사람은 없습니
다. 내 죄를 위해 주님이 십자가를 지셨기 때문입니다. 그래서 남을 정죄할 수
없습니다.
예수님을 만나면 다른 사람들에 대해 가지고 있던 마음의 돌이 내려놓아집니다.

# 04
# 믿어지는
# 하나님의 은혜

◐ 여전히 눈에 보이는 것들이 복이라고 생각하는 사람들이 있을 것입니다. 그러나 하나님께 서는 이미 우리에게 가장 큰 복(속죄의 은혜)을 주셨고, 그것은 십자가에서 확증된 것임을 설명해주십시오.

Q. 여러분은 예수님을 믿고 난 후 여러분이 받은 복은 무엇입니까?

Q. 여러분은 하나님의 십자가의 사랑을 누리며 살고 있습니까? 만약 여러분이 자신이 행복한 사람이라고 느끼지 못하고 있다면 그 이유는 무엇입니까?

**핵심 요약** 십자가의 능력은 하나님께서 나를 사랑하신다는 것이 믿어지는 것입니다. 천국에 가면 죄를 용서받은 속죄의 은혜가 가장 큰 복임을 알게 됩니다. 물질의 복, 건강의 복, 성공의 복이 다 귀하지만 죄 사함의 복보다 더 귀한 복은 없습니다.

# 05
## 축복의
## 확신

Q. 그동안 늘 받고 살아왔지만 오늘 새롭게 깨달은 하나님의 은혜와 복이
있습니까?

◐ 1단원을 마치면서 반원들 마음속에 아직 해결되지 않는 죄책감이 있다면 그것을 십자가 앞에 꺼내놓도록 초청하십시오. 그리고 그들이 십자가에서 확증된 용서와 사랑을 받아들일 수 있도록 도와주십시오.
강조점은 죄가 아니라 하나님의 사랑입니다. 모든 반원이 나누도록 합니다.

---

**핵심 요약**  하나님의 사랑은 환경을 통해 확인해야 알 수 있는 것이 아니라 이미 확증된 진리입니다. 십자가는 하나님의 사랑을 나타내는 분명한 증거입니다. 그래서 십자가의 능력은 나를 복 주시는 하나님의 사랑을 확신하게 합니다. 축복의 믿음을 가질 때부터 그 믿음은 능력이고 기적이 됩니다. 두려운 것도 염려도 사라집니다. 이 믿음에서 진정한 감사가 나옵니다.

**마무리**
**(10분)**

1. 함께 기도하기

   • 개인 기도제목을 나눕니다.

   • 인도자가 단원 주제에 맞는 기도제목을 제시하고

   개인 기도제목과 함께 기도합니다.

   • 인도자가 마무리 기도하고 주기도문으로 마칩니다.


2. 광고

   • 다음 모임에 대한 안내와 다음 주 공부할 단원을 짧게 소개합니다.

   • 성경암송 과제는 고린도후서 13:5 입니다.

   • 2단원 5과 〈성령께서 우리 안에 계신 증거〉 중에 전도에 관한

   내용이 나옵니다. 다음 모임 전까지 1명 이상에게 복음을 전하도록

   과제를 내줍니다.

# 2

# 내 안에 계신
# 예수 그리스도

너희는 믿음 안에 있는가
너희 자신을 시험하고 너희 자신을 확증하라
예수 그리스도께서 너희 안에 계신 줄을
너희가 스스로 알지 못하느냐
그렇지 않으면 너희는 버림 받은 자니라

고린도후서 13:5

2단원 핵심영상강의
youtu.be/k27To8JcMr0

# 01 나도 너희 안에 거하리라

내 안에 거하라 나도 너희 안에 거하리라 가지가 포도나무에
붙어 있지 아니하면 스스로 열매를 맺을 수 없음 같이
너희도 내 안에 있지 아니하면 그러하리라

요한복음 15장 4절

## 1과 핵심요약

❶ 예수님을 구주로 영접할 때 예수님은 우리 안에 오셔서 거하신다.

❷ 그리스도인이란 예수님을 구주로 영접하여 예수님과 인격적인 교제를 나누는 사람이다.

❸ 자신 안에 거하시는 예수님을 알지 못하면 삶은 결코 변화되지 않는다.

❹ 항상 예수님을 바라보는 사람만이 거룩한 삶을 살 수 있다.

그리스도인이란 예수님을 마음에 영접한 사람들을 말합니다. 우리가 예수님을 영접할 때 예수님은 우리 안에 오셔서 우리와 함께 계십니다. 예수님은 '임마누엘'이라고 불리십니다. 하나님께서 우리와 함께 계시다는 뜻입니다.

복음 중의 복음은 '예수님께서 우리 안에 거하신다.'는 것입니다.

Q. 다음 질문을 읽고 대답을 써보세요.

1. 당신은 "예수님은 제 안에 계십니다."라고 고백할 수 있습니까?

-----------------------------------------------------------

-----------------------------------------------------------

2. 예수님께서 당신 안에 계시지 않다고 생각된다면 그 이유를 써보세요.

---

---

---

3. 만약 예수님께서 당신 안에 계신다면 그렇게 믿는 증거는 무엇입니까?

---

---

---

"예수님은 제 안에 계십니다."라고 고백하셨다면 예수님께서 당신 안에 계신 증거는 무엇입니까? 많은 사람이 자신 안에 느껴지는 놀라운 평안과 사랑, 은혜를 그 증거로 말합니다. 그것도 그 증거의 일부라고 말할 수는 있습니다. 하지만 문제는 아무리 충만한 그리스도인이라 할지라도 항상 그런 상태를 유지할 수 없다는 것입니다.

우리가 낙심과 슬픔에 빠져 있을 때 예수님은 우리를 떠나신 것일까요? 많은 그리스도인이 조금만 어려운 일이 생겨도 "주님, 왜 우리를 홀로 내버려두십니까?" 하고 탄식합니다. 자기 안에 거하신 예수님에 대한 분명한 확신이 없기 때문입니다.

우리는 예수님께서 우리와 함께 계시다고 말합니다. 성경이 그렇게 말씀하고 있기 때문입니다. 그러나 나와 함께 계시는 예수님을 지식적으로 아는 것과 인격적으로 알고 있는 것은 다른 문제입니다.

저의 아버지와 할아버지는 목사이셨고 저는 태어나자마자 집안 어른들에 의하여 하나님께 목사로 바쳐졌습니다. 그렇게 저는 어려서부터 교회에서 살았지만 고등학생 때 중·고등부 담당 전도사님이 고린도후서 13장 5절을 본문으로 한 설교를 통하여 '모든 그리스도인 안에 예수님께서 계신다.'는 말씀을 처음 들었습니다. 저는 그 말씀에 충격을 받았습니다. 왜냐하면 제 안에는 예수님이 계시지 않다고 생각했기 때문입니다. 예수님께서 제 안에 계시다면 제가 모를 수 있겠습니까? 그래서 예배 후 전도사님과 상담을 했습니다.

"정말 제 안에도 예수님께서 계십니까?"

전도사님의 대답은 정말이라는 것이었습니다. 순간 저는 갈등을 느꼈습니다. 제 안에는 예수님이 안 계신 것 같은데 솔직하게 말했다가는 목사 아들이 예수를 믿지 않는다는 말로 들을 것 같아 두려웠습니다. 그래서 저는 "아, 그렇군요!"라고 말하며 믿는 척 했습니다. 그것이 당시 제가 선택할 수 있는 최선이었습니다.

그리스도인이란 예수님을 구주로 영접하고 예수님과 인격적인 교제를 나누는 사람입니다. 그러나 많은 사람이 예수님을 영접했다고 하면서도 예수님이 함께 계시는 것을 알지 못합니다. 예수님께서 우리 안에 계시다는 것을 아는 척, 믿는 척할 뿐 예수님을 인격적으로 알고 교제하지 못합니다.

2004년 북경 코스타(KOSTA)에서 어느 목사가 이런 말을 하는 것을 들었습니다.

"성도들이 천국에 가서 예수님을 만나면 어떻게 인사할 것 같습니까? 대부분 이렇게 인사할 것입니다. '말씀 많이 들었습니다.'"

그 말을 듣고 모두 웃었습니다. 그러나 사실 너무나 심각한 말씀입니다. 우리는 예수님에 대한 말씀을 정말 많이 들었습니다. 예배 때마다 들었습니다. 그러나 한 번도 만난 적은 없다고 생각하는 것입니다.

**Q. 당신은 천국에 가서 예수님을 만난다면 어떻게 인사할 것 같습니까?**

-------------------------------------------------------------------

-------------------------------------------------------------------

-------------------------------------------------------------------

-------------------------------------------------------------------

우리 모두는 예수님께서 우리와 함께 계신다고 믿습니다. 성경도 알고 천국도 믿습니다. 그런데 마음에 감동이 없습니다. 성질 하나를 바꾸지 못합니다. 불평, 원망, 두려움, 염려가 사라지지 않습니다. 그 이유는 단 하나입니다. 지금 우리와 함께 계시는 예수님을 인격적으로 알지 못하는 것입니다. 그러면 삶은 결코 변화되지 않습니다.

제가 교인들에게 가장 많이 속은 것 중 하나는 부부싸움입니다. 부부싸움을 하고도 제 앞에서는 전혀 내색하지 않는 것입니다. 부부싸움 한 것을 창피하게 생각하기 때문입니다. 그러나 "예수님께서 내 안에 계십니다."라고 고백하면서도 부부싸움을 합니다. 그렇다면 예수님 앞에서는 창피하지 않습니까? 바로 이것이 예수님께서 함께 계시다고 고백하는 우리 믿음의 실상입니다.

많은 사람이 혼자 있을 때 음란물 같은 은밀한 죄의 유혹을 받습니다. 그리고 그 죄의 유혹에 넘어집니다. 음란물의 유혹이 강해서 그런 것일까요? 아닙니다. 옆에 사람만 있어도 음란물을 버젓이 들여다보고 있을 사람은 거의 없습니다. 음란물을 거들떠보지도 않을 것입니다. 예수님이 내 안에 계신 것을 진짜로 믿지 않으니 그것이 유혹이 되는 것입니다.

교역자수련회를 갔을 때의 일입니다. 저녁 기도회 때 부목사 한 분이 베드로전서 1장 15~16절 말씀을 읽고 우리가 거룩하기를 위하여 기도하자고 했습니다.

"오직 너희를 부르신 거룩한 이처럼 너희도 모든 행실에 거룩한 자가 되라 기록되었으되 내가 거룩하니 너희도 거룩할지어다 하셨느니라"

저는 주님께 물었습니다.

"주여, 무엇이 거룩한 것입니까?"

그때 주님께서 제 마음에 주신 말씀이 있었습니다.

"혼자 있을 때 주를 바라보는 것이다."

거룩함에 대한 너무나 정확한 정의였습니다.

얼마 후 교회 비전을 위해 기도할 때도 같은 말씀을 주셨습니다. 예배당도 신축해야 하고, 교회 성장을 위해 구체적인 성장 목표를 교회에 제시해야 하는 부담감이 있었습니다.

"주여, 우리 교회는 몇 명의 성도를 목표로 삼아야 합니까?"

그때 주님께서 주신 말씀도 같았습니다.

"내가 원하는 것은 네가 혼자 있을 때 나를 바라보는 목사가 되는 것이다."

많은 분이 사람들의 눈만 피하면 아무도 보지 않는 줄 압니다. 그래서 보는 사람만 없으면 별의별 말과 행동을 다합니다. 그러나 예수님을 구주로 영접한 사람은 예수님께서 언제나 함께 계십니다. 이 사실을 아는 사람만이 거룩한 삶을 살 수 있는 것입니다.

어느 영화에서 구약 성경에 나오는 요셉이 얼마나 잘 생겼는가를 이렇게 그렸습니다. 보디발의 아내가 어느 날 친구 부인들을 초청하여 식사를 하고는 과일을 깎게 했습니다. 그때 요셉을 들어오라고 했습니다. 요셉이 방에 들어오자, 부인들이 요셉을 쳐다보다가 그만 과일 깎던 칼에 손을 베이고 말았습니다. 그 모습을 보고 보디발의 아내가 "그러니 요셉을 날마다 보는 내가 어떻게 견딜 수 있겠어요?" 했다고 합니다.

요셉은 이러한 보디발 아내의 유혹을 "내가 어찌하여 이 큰 악을 행하여 하나님께 죄를 지으리이까?"라고 말하며 뿌리쳤습니다. 요셉은 그 대가로 감옥에 가야 했습니다. 그가 유혹을 뿌리칠 수 있었던 것은 그 유혹이 약했기 때문이 아닙니다. 요셉은 혈기 왕성한 젊은이였고 보디발 아내의 유혹은 강력했습니다. 요셉이 그런 유혹을 이길 수 있었던 것은 하나님께서 함께 계신다는 사실이 너무나 분명히 믿어졌기 때문입니다.

우리의 의지만으로는 죄를 이기고 거룩하게 살 수 없습니다. 거룩하게 살 수 있느냐 없느냐는 우리의 의지나, 유혹의 강약에 있지 않습니다. 우리가 정말 예수님을 바라보는 자인가, 그렇지 않은 자인가에 달려 있습니다. 항상 예수님을 바라봄으로 예수님이 우리 안에 계신 것을 아는 사람만이 거룩하게 살 수 있습니다.

Q. 당신이 다른 사람을 의식하는 것처럼 예수님께서 언제나 당신과 함께 하신다는 사실을 의식하며 살고 있습니까?

# 02

# 우리는 고아가 아니다

그의 영광의 풍성함을 따라 그의 성령으로 말미암아
너희 속사람을 능력으로 강건하게 하시오며
믿음으로 말미암아 그리스도께서 너희 마음에 계시게 하시옵고
너희가 사랑 가운데서 뿌리가 박히고 터가 굳어져서

에베소서 3장 16-17절

## 2과 핵심요약

❶ 성령께서 우리의 마음에 오심은 하나님께서 우리를 사랑하신다는 증거이다.

❷ 예수님은 성령의 임재를 통해 우리 안에 계신다.

❸ 성령께서 우리 안에 계시다는 것은 체험이 아닌 말씀으로 확인하는 것이다.

❹ 진리의 성령께서 깨닫게 하시는 말씀을 통해 예수님이 우리 마음에 계심이 믿어진다.

복음 중의 복음은 하나님께서 우리를 사랑하신다는 사실입니다. 이것은 세 가지 놀라운 사건으로 나타납니다. 첫째, 하나님께서 독생자이신 예수 그리스도를 사람으로 나게 하셨다는 것입니다. 둘째, 죄 없으신 예수님께서 온 세상 사람의 죄를 지시고 십자가에서 죽으셨다는 것입니다. 셋째, 거룩하신 성령께서 사람들의 마음에 임하셨다는 것입니다.

선지자 예레미야는 인간의 마음을 이렇게 말했습니다.

만물보다 거짓되고 심히 부패한 것은 마음이라
누가 능히 이를 알리요마는 렘 17:9

이 세상에서 가장 더러운 것이 사람의 마음입니다. 그런데 놀

라운 사실은 바로 그 마음에 성령께서 임하셔서 영원히 함께하시는 것입니다. 이것이 하나님께서 우리를 사랑하시는 증거입니다.

Q. 다음 질문을 읽고 답을 써보세요.

1. 로마서 8:9-19을 읽고 우리 안에 계신 성령에 대한 호칭을 모두 찾아 쓰세요.

성령, 하나님의 영, 그리스도의 영.

- - - - - - - - - - - - - - - - - - - - - - - - - - - - - - - - - - - - - - - -

2. 에베소서 3:16-17은 믿는 사람들의 마음에 누가 계시다고 했습니까?

믿음으로 말미암아 예수님께서 우리 마음에 계심.

- - - - - - - - - - - - - - - - - - - - - - - - - - - - - - - - - - - - - - - -

우리 안에 계신 성령은 '하나님의 영', '그리스도의 영' 혹은 '예수의 영'(행 16:7)으로 불립니다. 또한 사도 바울은 예수님께서 믿음으로 말미암아 우리 마음 안에 계신다고 했습니다. 예수님께서 성령으로 우리 마음 안에 계신 것입니다.

예수님께서 십자가를 지시기 직전에 자신이 떠날 것을 말씀하시자 제자들은 근심했습니다. 근심에 쌓인 나머지 하나님의 놀라운 계획을 제대로 이해하지 못했습니다. 그러나 예수님께서는 자신이 세상을 떠나는 것이 제자들에게 더 유익하다고 말씀하셨습니다.

내가 떠나가는 것이 너희에게 유익이라 내가 떠나가지 아니하면

보혜사가 너희에게로 오시지 아니할 것이요 가면 내가 그를

로마서 8:9-19

9만일 너희 속에 하나님의 영이 거하시면 너희가 육신에 있지 아니하고 영에 있나니 누구든지 그리스도의 영이 없으면 그리스도의 사람이 아니라 10또 그리스도께서 너희 안에 계시면 몸은 죄로 말미암아 죽은 것이나 영은 의로 말미암아 살아 있는 것이니라 11예수를 죽은 자 가운데서 살리신 이의 영이 너희 안에 거하시면 그리스도 예수를 죽은 자 가운데서 살리신 이가 너희 안에 거하시는 그의 영으로 말미암아 너희 죽을 몸도 살리시리라 12그러므로 형제들아 우리가 빚진 자로되 육신에게 져서 육신대로 살 것이 아니니라 13너희가 육신대로 살면 반드시 죽을 것이로되 영으로써 몸의 행실을 죽이면 살리니 14무릇 하나님의 영으로 인도함을 받는 사람은 곧 하나님의 아들이라 15너희는 다시 무서워하는 종의 영을 받지 아니하고 양자의 영을 받았으므로 우리가 아빠 아버지라고 부르짖느니라 16성령이 친히 우리의 영과 더불어 우리가 하나님의 자녀인 것을 증언하시나니 17자녀이면 또한 상속자 곧 하나님의 상속자요 그리스도와 함께 한 상속자니 우리가 그와 함께 영광을 받기 위하여 고난도 함께 받아야 할 것이니라 18생각하건대 현재의 고난은 장차 우리에게 나타날 영광과 비교할 수 없도다 19피조물이 고대하는 바는 하나님의 아들들이 나타나는 것이니

에베소서 3:16-17

16그의 영광의 풍성함을 따라
그의 성령으로 말미암아 너희
속사람을 능력으로 강건하게
하시오며 17믿음으로 말미암
아 그리스도께서 너희 마음에
계시게 하시옵고 너희가 사랑
가운데서 뿌리가 박히고 터가
굳어져서

너희에게로 보내리니 요 16:7

예수님이 떠나시는 것이 제자들에게 더 유익한 것은 그래야만 성령께서 오실 수 있기 때문이었습니다.

오순절 성령 강림 이후 성령께서는 모든 믿는 자 안에 임하셨습니다. 우리가 예수님을 영접할 때 성령께서는 우리 안에 오셔서 우리 안에 계시면서 우리의 삶을 인도해주십니다. 사도 바울은 말했습니다.

하나님의 성령이 너희 안에 계시는 것을 알지 못하느냐 고전 3:16

부활 승천하신 예수님은 하나님 보좌 우편에 앉아 계시지만, 성령의 임재를 통하여 우리 안에 오셨습니다. 예수님은 이러한 방법을 통해서 분명히 "내가 너희를 고아와 같이 버려두지 아니하고 너희에게로 오리라"(요 14:18)고 하신 약속을 지키셨습니다.

Q. 다음 질문을 읽고 답을 써보세요.

고린도후서 13:5

너희는 믿음 안에 있는가 너희
자신을 시험하고 너희 자신을
확증하라 예수 그리스도께서
너희 안에 계신 줄을 너희가 스
스로 알지 못하느냐 그렇지 않
으면 너희는 버림 받은 자니라

1. 고린도후서 13:5에서 우리 자신이 깨달아야 하는 것이 무엇이라고 했습니까?

예수 그리스도께서 우리 안에 계시는 것.

**2. 예수님께서 자신 안에 계신 것을 분명히 알지 못하면 어떻게 된다고 말씀하셨습니까?**

버림받은 자가 됨.

우리가 확증하고 살아야 할 것은 예수님께서 내 안에 계신 것입니다. 예수님께서는 성령의 임재를 통하여 우리 안에 계십니다. 그러나 많은 그리스도인이 예수님의 임재하심을 깨닫지 못하고 살고 있습니다.

중국 코스타 집회에 갔을 때 한 청년이 마지막 집회를 앞두고 상담을 요청했습니다. "목사님, 저는 유학생활이 너무 힘들어 이번에는 꼭 하나님을 만나야겠다는 생각으로 왔습니다. 다른 친구들은 다 은혜를 받는데 저는 지금까지는 은혜를 받지 못했습니다. 오늘이 마지막 날인데 오늘까지 은혜를 받지 못하면 큰일입니다."라고 말하며 울었습니다.

저는 그 청년에게 말했습니다.

"네가 은혜를 못 받았다고 울면서 상담까지 할 정도면 이미 성령께서 네 안에서 역사하고 계신 거야. 성령께서 역사하지 않으셨다면 아마 너는 벌써 도망갔을 거야. 지금 너에게 은혜 받기를 이토록 간절히 사모하게 하는 마음을 주시는 분이 도대체 누구일까? 지금 성령께서 네 마음에서 너무나 강하게 역사하고 계신 것이 느껴져. 오늘 저녁 집회 때, 이렇게 기도하면 어떻겠니? '주님, 제 마음에 강하게 역사해 주셔서 감사합니다. 제 마음을 이처럼 간절하게 해주셔서 감사합니다. 주님, 더 강하게 역사해 주세요!'"

그러고서 그 청년을 위해서 기도해 주었습니다. 그날 밤 그 청년은 큰 은혜를 받았습니다. 찬양 시간 내내 바닥에 엎드려 통곡을 하면서 주님이 만져 주시는 은혜를 경험했습니다.

많은 사람이 예수님이 함께 계시는데도 그것을 알지 못합니다. 주님의 역사하심 가운데 있으면서도 그 역사를 깨닫지 못하고 삽니다. 그래서 죄의 유혹 앞에 속절없이 무너지고, 신앙생활을 하면서도 방황하는 삶을 사는 것입니다.

그렇다면 우리가 어떻게 우리 안에 계신 예수님을 확증하고 살 수 있을까요?

첫째, 우리 안에 계신 예수님을 체험으로만 알려고 해서는 안 된다는 것입니다. 체험은 우리에게 도움을 줄 수도 있지만 우리를 속일 수도 있기 때문에 조심해야 합니다. 체험에 의지하면 예수님께서 우리 안에 분명히 계시는데도 안 계신 것처럼 느낄 수도 있게 됩니다.

저는 첫 목회지인 여주에서 어느 날 새벽기도회를 마치고 강단에서 기도하면서 방언을 체험했습니다. 그때의 놀라움과 영적인 충격은 대단했습니다. 성경의 모든 내용과 살아 계신 하나님, 나를 기억하시고 사랑하시는 하나님에 대한 확신이 생겼습니다. 그러나 그 이후, 저는 체험보다 더욱 중요한 것이 말씀인 것을 깨달았습니다. 첫 번째 방언의 체험 이후 한동안 저는 성령의 체험이 없었습니다. 그래서 성령께서 저를 떠나신 것으로 여겼습니다. 체험은 강한 확신을 주지만, 언제나 성령께서 함께하신다는 확신을 주지 못했습니다.

둘째, 우리 안에 계신 예수님을 바르게 확증할 수 있는 방법은 하나님 말씀입니다.

> 말씀이 육신이 되어 우리 가운데 거하시매 우리가 그의 영광을 보니 아버지의 독생자의 영광이요 은혜와 진리가 충만하더라 요 1:14

엠마오로 가던 두 제자는 예수님을 보고도 알아보지 못했습니다(눅 24:32). 그러나 예수님께서 구약 성경에 나오는 예수님 자신에 대한 말씀을 풀어 설명하셨습니다. 그제야 제자들은 "길에서 우리에게 말씀하시고 우리에게 성경을 풀어주실 때에 우리 속에서 마음이 뜨겁지 아니하더냐?"라고 했습니다. 예수님께서 풀어주신 말씀을 통해서 자신과 함께 있었던 분이 예수님이심을 알게 되었던 것입니다.

말씀을 통해서 주님을 알게 되면 감정이나 체험에 상관없이 예수님이 자신과 함께 계신 것을 알 수 있습니다. 기도하는 시간, 예배드리는 시간, 말씀 묵상하는 시간은 물론이고 24시간 함께 계신 것을 알게 됩니다.

Q. 당신은 지금까지 어떤 방법으로 주님이 함께 계시고 역사하신다는
사실을 확인하려고 했습니까? 그것이 주님과의 관계에 어떤 영향을
미쳤는지 써보세요.

---------------------------------------------------------------

---------------------------------------------------------------

---------------------------------------------------------------

---------------------------------------------------------------

---------------------------------------------------------------

---------------------------------------------------------------

---------------------------------------------------------------

# 03
**2단원**

# 성령께서
# 우리 안에 계신 증거 1

성령이 친히 우리의 영과 더불어
우리가 하나님의 자녀인 것을 증언하시나니
**로마서 8장 16절**

부활하신 예수님께서는 성령으로 우리 안에 와 계십니다. 그러나 안타깝게도 많은 그리스도인이 함께하시는 예수님을 분명히 알지 못합니다. 그것은 성령께서 우리 안에 계신 증거를 정확히 알지 못하기 때문입니다. 성령께서 내주하고 계신 사람은 어떤 증거를 가지고 있을까요?

## 1. 예수님을 주님으로 고백합니다

**고린도전서 12:3**

그러므로 내가 너희에게 알리노니 하나님의 영으로 말하는 자는 누구든지 예수를 저주할 자라 하지 아니하고 또 성령으로 아니하고는 누구든지 예수를 주시라 할 수 없느니라

Q. 고린도전서 12:3과 요한일서 4:15에서 예수님을 주라고 고백하는 것은 누구 때문이라고 했습니까?

성령.
_____

_____

우리에게는 예수님을 '주님'이라고 부르는 것이 너무 익숙하게 느껴집니다. 그래서 이 고백이 특별해 보이지 않습니다. 그러나 실상 예수님을 주님으로 고백하는 것은 평범한 일이 아닙니다. 그것은 우리의 의지나 결단에 의한 것이 아니라 우리 안에 계신 성령의 역사입니다.

불신자들은 예수님을 주님이라고 부르지 못합니다. 불신자에게 "예수님이 누구십니까?"라고 물으면 4대 성인 중의 한 사람이라고 대답할 수 있겠지만 "나의 주님이십니다."라고 고백할 수는 없습니다. 왜냐하면 불신자들 안에는 예수님께서 주님이라고 믿게 하실 성령이 계시지 않기 때문입니다.

요한일서 4:15
누구든지 예수를 하나님의 아들이라 시인하면 하나님이 그의 안에 거하시고 그도 하나님 안에 거하느니라

세례 받는 성도가 세례 간증을 하면서 자신도 놀라워하는 것을 보았습니다.

"새가족 10주 양육 중 9주까지도 예수님이 저의 죄를 지시고 십자가에 죽으셨다는 것도, 제가 완전히 용서받았다는 것도, 지금 죽어도 천국에 갈 수 있다는 것도 확실히 믿어지지 않았습니다. 양육해 주신 집사님이 양육 첫날에 '영접기도 하시겠어요?' 하시는데, 하나님을 떠나 방황을 했다느니, 죄인이라느니, 이제 당신은 주님의 자녀가 됐다느니 하는 말투가 가슴에 와 닿기는 커녕 반감만 생겼습니다. 또 '사람들이 그런 말을 진정으로 믿는 걸까?' 하는 의심도 들었습니다. 그런데 마지막 양육을 받던 날, '하나님, 저는 당신을 떠나 방황했습니다.'라는 말을 채 이어가지 못하고 목이 메어 너무도 많이 울었습니다."

그 순간부터 모든 복음이 정말 다 믿어지더라는 것입니다. 성령께서 행하신 기적입니다.

예수님을 주님이라고 부른다는 것은 엄밀히 말하면 순교의 상황에서도 예수님을 주님이라고 부를 수 있다는 뜻입니다. 초대교회 성도들은 로마 황제를 주님이라고 부르지 않는다는 이유로 엄청난 박해를 받았습니다. 죽임당할 위기를 겪었고 실제로 많은 사람이 순교했습니다. 그러나 그들은 그런 박해에도 불구하고 로마 황제를 주님이라고 부르지 않았습니다. 그들에게 주님은 오직 한 분 예수님뿐이셨기 때문입니다.

이런 믿음은 스스로 생기는 것이 아닙니다. 성령께서 우리 안에 오셨기 때문에 가능한 것입니다. 그리스도인 안에 역사하시면서 믿음을 붙들어주시는 것입니다. 그렇기 때문에 어떤 상황에서도 예수님을 주님이라고 믿음으로 고백할 수 있는 것은 성령께서 자기 안에 거하신다는 확실한 증거입니다.

Q. 당신은 예수님을 누구라고 고백하십니까? 당신의 신앙고백을 써보세요.

-----------------------------------------------------------

-----------------------------------------------------------

-----------------------------------------------------------

-----------------------------------------------------------

-----------------------------------------------------------

-----------------------------------------------------------

## 2. 하나님을 아버지라고 부릅니다

Q. 로마서 8:15-16에서 하나님을 아버지라고 부르게 되는 것은 누구 때문이라고 했습니까?

성령.

로마서 8:15-16
15너희는 다시 무서워하는 종의 영을 받지 아니하고 양자의 영을 받았으므로 우리가 아빠 아버지라고 부르짖느니라 16성령이 친히 우리의 영과 더불어 우리가 하나님의 자녀인 것을 증언하시나니

당신이 하나님을 '아버지'라고 부르고 있다면 그것은 바로 당신 안에 성령께서 계시다는 증거입니다. 성령을 받지 못한 사람들은 절대로 하나님을 아버지라고 부르지는 못합니다. 구원받은 자에게는 '양자의 영'이 역사하고 있지만 불신자에게는 '무서워하는 종의 영'이 역사하고 있기 때문입니다.

야고보서 2장 19절에 보면 "귀신들도 하나님을 안다."고 했습니다. 하나님을 알지만 무서워 떤다는 것입니다. 십자가를 통해 죄 사함의 은총을 받지 못한 자는 누구나 그 죄로 인하여 하나님을 무서워하기 마련입니다. 이것이 '종의 영'을 가진 사람의 실체입니다.

Q. 당신은 하나님을 아버지라고 자연스럽게 부릅니까? 언제부터 하나님을 아버지라고 분명히 부르게 되었습니까?

## 3. 하나님께서 주시는 은혜를 깨닫습니다

고린도전서 2:12

우리가 세상의 영을 받지 아니하고 오직 하나님으로부터 온 영을 받았으니 이는 우리로 하여금 하나님께서 우리에게 은혜로 주신 것들을 알게 하려 하심이라

Q. 고린도전서 2:12에서 하나님께서 주시는 은혜를 알게 되는 것이 누구 때문이라고 했습니까?

하나님께로부터 온 영(성령).

예수님을 믿지 않는 사람들은 세상의 영으로 살아갑니다. 그렇기 때문에 그들을 '세상 사람'이라고 말하는 것입니다. 세상 사람은 세상의 영이 역사하는 곳에서 기쁨과 행복을 느끼지만 하나님의 은혜에 대하여는 깨닫지도 못하고 즐거워하지도 않습니다. 그러나 그리스도인들은 하나님께로부터 온 영을 받았기에 하나님께로부터 오는 은혜를 깨닫고 즐거워합니다.

당신이 예배를 드릴 때나 말씀을 들을 때, 은혜롭다고 느낀 적이 있다면 그것은 당신 안에 은혜를 깨닫게 하시는 성령께서 계시기 때문입니다.

한 기독교 연구소에서 예수 믿지 않는 대학생들에게 몇몇 큰 교회에 가서 예배를 참관한 뒤에 리포트를 작성하게 했습니다. 그런데 이 대학생들의 보고서에는 설교가 은혜롭다고 정평이 나 있는 교회일수록 감동을 못 받았다고 기록되어 있었습니다. 연구소는 그 결과를 가지고 말씀에 은혜가 없는 것이 한국 교회의 큰 문제라고 분석하였습니다.

비기독교인 대학생들을 통해 한국 교회 강단을 평가해 보는 것도 어떤 의미가 있을 수 있습니다. 그러나 그들이 은혜 받지 못했다고 한국 교회 강단에 은혜가 없다고 평가하는 것은 어리석은 일입니다. 왜냐하면 그들 안에는 은혜를 깨닫게 하는 성령께서 계시지 않기 때문입니다.

성령께서는 하나님의 은혜라고 깨닫지 못하던 많은 것이 은혜임을 깨닫게 하십니다. 가족과 교회, 교인의 존재, 직장 등 평범한 것 중에 감사를 느끼게 되고 심지어 고난까지도 감사하게 됩니다.

Q. 어떤 순간에 하나님께서 주시는 은혜를 느낍니까? 당신이 하나님의 은혜라고 여기는 것을 모두 써보세요.

---------------------------------------------------------------

---------------------------------------------------------------

---------------------------------------------------------------

---------------------------------------------------------------

---------------------------------------------------------------

---------------------------------------------------------------

# 04

**2단원**

# 성령께서
# 우리 안에 계신 증거 2

그의 성령을 우리에게 주시므로 우리가 그 안에 거하고
그가 우리 안에 거하시는 줄을 아느니라
요한일서 4장 13절

## 4과 핵심요약

❶ 성령께서 내주하고 계신 사람은 용서와 사랑의 마음이 생긴다.

❷ 우리 안에 계신 성령이 용서와 사랑의 영이시기 때문이다.

❸ 성령께서 내주하고 계신 사람은 성령의 근심하심을 깨닫는다.

❹ 성령의 근심을 느낄 때 주님 이심을 깨닫고 회개하고 돌이켜야 한다.

## 요한일서 4:12-13

12어느 때나 하나님을 본 사람이 없으되 만일 우리가 서로 사랑하면 하나님이 우리 안에 거하시고 그의 사랑이 우리 안에 온전히 이루어지느니라 13그의

예수님은 성령의 임재를 통해서 모든 그리스도인 안에 계십니다. 그 증거를 계속해서 말씀에서 찾아보겠습니다.

### 4. 용서와 사랑의 마음이 생깁니다

Q. 요한일서 4:12-13에서 하나님께서 그 안에 거하시는 사람은 어떻게 한다고 했습니까?

서로 사랑한다.

정말 예수님을 주님으로 믿는 사람이라면 어떤 사람이든지 용서하고 사랑해야 한다는 생각을 하게 됩니다. 그렇지 않고 오직

원수 갚을 마음만 생긴다면 자신이 정말 예수님을 믿고 거듭난 사람인지 점검해 봐야 합니다. 왜냐하면 그 사람 안에 계신 성령께서 반드시 "사랑하라", "용서하라"고 말씀을 하실 것이기 때문입니다.

부부싸움을 했다면 그 문제를 가지고 하나님께 기도하십시오. 처음에는 다 내가 잘한 줄 알지만 하나님께 나가 기도해 보면 내 잘못이 더 크다는 사실을 깨닫습니다. 자녀들이 잘못해서 야단치다가도 기도해 보면 부모인 내게 더 문제가 많음을 인정하게 됩니다. 이것이 성령께서 우리 안에서 하시는 일입니다.

만약 누군가와 심하게 싸우고 나서 기도를 해 보면 아무리 상대방이 잘못한 일이라 할지라도 주님은 우리 편을 들어주지 않습니다. 억울한 사정을 낱낱이 아뢰면서 하나님을 설득해 보아도 마찬가지입니다. 주님은 그런 기도에 대해서 "네 말이 옳다. 나도 그렇게 생각한다. 내가 네 편이 될 테니 끝까지 싸워서 반드시 이겨라." 하고 말씀하지 않으십니다. 주님의 대답은 언제나 "네가 먼저 용서하라."는 것입니다.

어느 목사가 설교 중에 이런 간증을 했습니다. 그 목사 부부는 8년 만에 아이를 얻었습니다. 그런데 아들을 처음 보는 순간 사랑스럽기는커녕 다시는 보고 싶지 않은 마음이 들었습니다. 아버지와 태어난 아들이 너무나 닮았기 때문입니다.

그의 아버지는 한 달에 한 번 집에 오셨습니다. 그래서 오히려 아버지 없는 환경이 자연스럽고 아버지가 오시면 어색한 어린 시

성령을 우리에게 주시므로 우리가 그 안에 거하고 그가 우리 안에 거하시는 줄을 아느니라

105

절을 보냈었습니다. 아버지를 용서했다고 했지만 마음 깊은 곳에서는 아직도 원망이 자리 잡고 있음을 깨달았습니다. 통곡하며 우는데 성령께서 "내가 너를 위해 십자가에서 죽었음을 믿느냐? 내가 너의 아버지를 위해서 십자가에서 죽은 것을 아느냐? 이제 아버지를 용서하라."라고 말씀하셨습니다. 그러나 마음이 움직여지지 않는 것이 문제였습니다. 그때 주님께서는 아들 얼굴과 아버지 얼굴이 겹쳐지는 것을 경험하게 하셨습니다. 아직도 진정한 용서를 깨닫지 못하고 있는 자신의 모습을 보게 되었고 애통하는 마음으로 고백했습니다.

"내 마음 중심으로 아버지를 용서하겠습니다."

성령께 순종하여 고백한 그 순간 십자가의 은혜가 뜨겁게 밀려오는 것을 경험했다는 것입니다.


Q. 아직도 용서하지 못하는 사람이 있습니까? 그 사람을 위하여 기도하면 어떤 마음이 듭니까?

---

---

---

---

---

---

## 5. 성령의 근심하심을 깨닫습니다

Q. 에베소서 4:30에서 우리에게 하지 말 것을 권면하는 것은 무엇입니까?

성령을 근심하게 하지 말라.

에베소서 4:30
하나님의 성령을 근심하게 하지 말라 그 안에서 너희가 구원의 날까지 인치심을 받았느니라

우리 안에 오신 성령께서 우리가 완전한 구속을 얻는 날까지 우리 안에 계십니다. 비록 우리가 그분을 기쁘게 해 드리지 못하더라도 그분은 우리를 떠나지 않으십니다. 그 대신 우리 안에서 근심하시면서 그 근심을 우리에게 깨닫게 해주십니다.

그리스도인에게는 독특한 마음의 근심이 있습니다. 주일성수를 하지 않거나 헌금생활이나 기도생활에 문제가 있을 때, 누가 뭐라는 것도 아닌데 괴로움을 느낍니다. 유혹에 넘어져 죄를 지은 후 괴로운 마음을 느끼게 됩니다. 그 사람 안에 계신 성령께서 근심하시기 때문입니다.

그러나 세상 사람들에게는 이런 것들은 근심의 대상조차 되지 못합니다. 그러므로 우리는 성령의 근심이 무엇인지 잘 분별해야 합니다. 그저 마음이 괴로운 정도로 여기지 말고 깨달은 즉시 돌이켜야 합니다. 성령께서 근심하실 때는 분명한 이유가 있기 때문입니다.

세례 받은 지 얼마 안 되는 한 청년이 찾아와 울면서 말했습니다.

"목사님, 저는 예수 헛되게 믿었어요. 제가 세례 받은 것은 다 가짜예요."

그 청년은 세례 받을 때, 마음에 "모든 죄 된 생활을 다 청산하리라. 직장 회식에 절대 참석하지 않으리라."는 결심을 했다고 합니다.

그런데 그날 회식에 참석하여 말할 수 없이 부끄러운 죄를 저지르게 되었다는 것입니다. 청년은 그 일로 말미암아 깊은 좌절감과 낙심에 빠져 있었습니다. 저는 그 청년에게 물었습니다.

"자네가 이렇게 괴로워하는 까닭이 무엇이죠? 오늘 자네와 함께 그 자리에 있었던 다른 사람들도 그렇게 괴로워하던가요?"

"아니요. 그들은 재미 봤다고 생각하고 집에 가서 자고 있을 겁니다."

"그런데 왜 자네는 괴로운 거죠? 그것은 여전히 자네 안에 계신 성령께서 근심하시고 계시기 때문입니다!"

그 청년은 제가 읽으라고 펴준 에베소서 4장 30절의 말씀을 읽고 한없이 울었습니다. 그러고 난 후 자신이 여전히 하나님의 구원받은 자녀라는 확신을 회복하였습니다.

제자훈련 수료식에서 어떤 여 성도가 간증을 했습니다. 이분은 알코올중독에 걸릴 정도로 술을 좋아하셨던 분입니다. 술 때문에 직장을 잃었고 가정에서는 이혼의 위기까지 갈 정도로 어려움을 많이 겪으셨습니다.

우리 교회에 등록하고 교회생활을 하는데 교회에 적응하기가 어려웠답니다. 그래서 교회에 다니면서도 술집에 가서 술을 마셨답니다. 술을 마시는데 예전과는 달리 마음이 괴로웠습니다. 어느 날 마음속에서 성령의 음성이 들렸다고 합니다.

"너 왜 그렇게 술을 자꾸 마시느냐? 내가 다 취하겠다."

그는 이 음성을 듣고 정신이 번쩍 났다고 했습니다. 그리고 술을 완전히 끊고 제자훈련도 수료하고 새로운 삶을 살고 있습니다.

우리가 하나님의 뜻대로 살지 못할 때 성령께서 근심하십니다. 그때 즉시 "주님이시군요!"라고 반응하며 회개하고 돌이켜야 합니다.

Q. 지금 당신이 느끼는 성령의 근심은 무엇입니까? 생각나는 대로 다 써 보세요.

---------------------------------------------------------------

---------------------------------------------------------------

---------------------------------------------------------------

---------------------------------------------------------------

---------------------------------------------------------------

---------------------------------------------------------------

# 05 성령께서
# 우리 안에 계신 증거 3

> 너의 안에서 행하시는 이는 하나님이시니
> 자기의 기쁘신 뜻을 위하여
> 너희에게 소원을 두고 행하게 하시나니
>
> 빌립보서 2장 13절

**5과 핵심요약**

❶ 성령께서 내주하고 계신 사람은 마음에 하나님의 소원이 생긴다.

❷ 하나님과 교회를 위해 헌신하고자 하는 마음은 전적인 성령의 역사이다.

❸ 성령께서 내주하고 계신 사람은 전도할 마음이 생긴다.

❹ 말씀을 가지고 우리 마음을 정직하게 살피면 우리 안에 예수님이 계신 것을 알 수 있다.

**빌립보서 2:13**

너희 안에서 행하시는 이는 하나님이시니 자기의 기쁘신 뜻을 위하여 너희에게 소원을 두고 행하게 하시나니

우리는 계속하여 말씀을 통해 성령이 우리 안에 계신 증거를 찾아보고 있습니다. 성령께서 내주하고 계신 사람은 어떤 증거를 가지고 있을까요?

## 6. 하나님의 소원을 품습니다

Q. 빌립보서 2:13은 하나님께서는 뜻을 이루실 때 어떤 방법으로 역사하신다고 했습니까?

우리 마음에 소원을 두고 행하게 하신다.
_____

성령을 받은 사람들은 하나님을 기쁘게 해 드리고자 하는 소

원을 가집니다. 아무도 강요하지 않지만 하나님을 위해 무언가 해야겠다는 생각을 품게 됩니다. 또한 그 소원을 이루기 위해 간절히 기도합니다. 우리가 하나님과 교회를 위하여 헌신하고자 하는 마음을 갖게 되는 것은 전적으로 성령의 역사입니다.

불신자에게도 그런 일이 생길까요? 그렇지 않습니다. 사람의 본성에는 하나님을 위하여 무엇을 하고자 하는 마음이 없기 때문입니다.

그러므로 마음에서 일어나는 하나님을 위한 소원을 놓치지 말고 순종해야 합니다. 그럴 때 우리는 하나님의 역사를 경험하게 됩니다.

부모님을 모실 수 있는 더 좋은 여건을 가지고 있는 형제들이 있음에도 유난히 부모님에 대한 책임감을 느낄 때가 있습니다. 그런 책임감은 어디서 오는 것일까요? 성령께서는 인간의 생각을 통하여 역사하시는 분입니다. "내가 부모님을 모셔야겠다."는 생각이 든다면 그것은 하나님께서 주신 것이라고 봐야 합니다. 하나님의 명령에 기꺼이 순종하면 현실적인 어려움은 있겠지만 하나님이 결과를 반드시 선하게 책임져 주실 것입니다.


주기철 목사의 아들 주광조 장로의 이야기입니다. 일제는 주기철 목사를 어머니와 아내, 아들이 보는 앞에서 고문했습니다. 입을 강제로 벌려 고춧가루를 탄 물을 부었습니다. 배가 부풀어 올랐습니다. 그 배 위에 의자를 얹고 눌러댔습니다. 입과 코에서 붉은 물이 솟구쳐 올랐습니다. 이 모습을 지켜보는 아들은 아버지를 이해할 수 없었습니다. 일본 형사가 시키는 대로 말 한마디만 하면 아버지도 편하고 모든 가족이 편할 텐데, 아버지의 고집 때문에 모든 사람이 말할 수 없는 고생을 하게 만든다고 생각했습니다. 그래서 아버지를 원망했습니다.

하지만 지금은 그 아버지의 고난과 순교에 대하여 존경과 감사를 드린다고 했습니다. 성령께서 그 일이 얼마나 귀한 것인가를 깨닫게 하시고, 천국 상급을 바라보게 하셨기 때문입니다.

Q. 당신은 하나님과 교회를 위하여 어떤 소원을 가지고 있습니까?

---
---
---
---
---

## 7. 전도할 마음이 생깁니다

**사도행전 1:8**

오직 성령이 너희에게 임하시면 너희가 권능을 받고 예루살렘과 온 유대와 사마리아와 땅 끝까지 이르러 내 증인이 되리라 하시니라

Q. 사도행전 1:8에서 성령께서 임하실 때 어떤 일이 벌어진다고 했습니까?

예루살렘과 온 유대와 사마리아와 땅 끝까지 이르러 예수님의
증인이 됨.

---

예수님께서는 약속하신 성령을 기다리라고 말씀하시면서 성령

께서 임하시면 예수님의 증인이 될 것이라고 말씀하셨습니다. 마태복음 10장 19~20절을 보면 예수님을 증거할 때 아버지의 성령께서 우리 안에서 말씀하신다고 했습니다. 우리 안에 오신 성령께서 친히 예수님에 대해 증거 하신다는 것입니다. 말은 분명히 우리가 하지만, 그 내용은 우리 안에서 역사하시는 성령께서 주시는 것을 경험합니다. 마음이 그렇게 간절하고 뜨거울 수가 없습니다. 전도는 하나님의 일이기 때문입니다.

부목사로 섬기던 어느 해 총동원 전도주일이었습니다. 예배 사회를 하려고 예배실로 가는데, 많은 교인이 교회 마당과 버스 정류장까지 나가 있는 것을 보았습니다. 오기로 약속한 전도 대상자를 기다리는 것이었습니다. 전도 대상자를 만난 교우는 "왔다!" 하며 소리치고 달려가서 얼싸안고 기뻐하며 예배당으로 들어갔습니다. 그런 성도들의 모습을 보기만 해도 즐거웠습니다.

다음 예배 시간에는 안내를 맡아 본당 입구에 서 있었는데, 예배가 시작되었는데도 여전히 많은 교인이 교회 마당에 서 있는 것을 보았습니다.

예배 시간이 10분, 20분 지나도록 약속한 전도 대상자를 만나지 못한 교인들이 한 사람, 두 사람 돌아서서 예배당으로 들어왔습니다. 그런데 들어오는 교인들의 얼굴을 보니 울고 있었습니다. 그 모습을 보는 순간 저도 눈물이 쏟아졌습니다. 무엇이 그들을 울게 만들었을까요? 그들 안에 계시는 성령이십니다.

Q. 전도하고 싶은 마음이 들었던 적이 있습니까? 당신은 그 마음에 어떻게 반응했습니까?

----------------------------------

----------------------------------

----------------------------------

----------------------------------

----------------------------------

이제 당신 안에 성령께서 계신 것을 확신할 수 있습니까? 그렇다면 당신은 영생을 소유한 사람입니다.

> 예수를 죽은 자 가운데서 살리신 이의 영이 너희 안에 거하시면
> 그리스도 예수를 죽은 자 가운데서 살리신 이가 너희 안에 거하시는
> 그이 영으로 말미암아 니희 쭉을 몸노 살리시리라 롬 8:11

그러나 주의할 것이 한 가지 있습니다. 성령께서 우리 안에 계신 증거는 전체적으로 살펴야 합니다. 어느 한 부분만을 가지고 성령께서 내 안에 계시다고 단정해서는 안 됩니다. 예수님께서는 "나더러 주여 주여 하는 자마다 다 천국에 들어갈 것이 아니요"(마 7:21)라고 말씀하셨습니다. "주여, 주여!"라는 고백이 다 성령에 의한 것은 아니라는 것입니다. 불법을 행하고 하나님의 뜻과는 전혀 상관없이 살면서 입으로만 "주여, 주여!" 하는 고백은 가짜입니다.

하나님을 "아버지"라고 부르는 것도 정말 내주하시는 성령 때문인지 듣고 배워서 부르는 것은 아닌지 점검해 봐야 합니다. 사랑하라는 교훈도 마찬가지입니다. 예수님을 부인하는 인본주의자들도 사랑을 부르짖습니다. 그러므로 어느 한 가지만 보고 그가 성령을 받았다고 말할 수는 없습니다. 언제나 말씀을 전체적으로 적용해 보는 것이 필요합니다. 분명한 것은 우리가 말씀을 가지고 우리 마음을 정직하게 살피면 우리 안에 예수님이 계신 것을 스스로 확인할 수 있다는 것입니다.

그리스도인들은 항상 예수님을 만날 준비를 하고 살아야 합니다. 성경은 언제 주님이 오실지 모른다고 했습니다. 항상 준비하고 사는 자가 주님을 만날 것이라고 했습니다. 우리 마음에 오신 예수님을 만나는 일도 언제 있을지 모릅니다. 기대하지 않은 시간에 주님은 만나 주십니다.

1850년 12월 6일 주일, 영국의 콜체스터라는 작은 도시에 눈보라가 심하게 쳤습니다. 10대의 한 소년이 자신이 출석하던 교회에 가서 예배를 드릴 수가 없어 집 근처에 있는 작은 감리교회에 들어갔습니다. 키가 크고 마른 한 평신도가 단에 올라가더니 이사야 45장 22절을 읽고 이렇게 설교했습니다.

"나를 바라보라! 나는 십자가에 매달렸노라. 나를 바라보라! 나는 핏방울을 떨어뜨리고 있노라. 보라, 나는 죽어 장사되었다. 나를 바라보라! 나는 다시 살아났노라. 나는 승천했노라. 나는 아버지 오른편에 앉아있노라. 나를 바라보라! 오, 나를 바라보라!"

그런데 이 설교가 소년의 마음을 사로잡았습니다. '아버지가 목사이고 할아버지가 목사이건만 나는 지금 하나님을 바라보고 있는가? 하나님을 앙망하는 자는 구원을 얻으리라고 말씀하셨는데 내 마음속에는 과연 구원의 확신과 감격이 있는가?' 아무리 생각해도 자신이 서지 않아 마음이 괴로웠습니다. 설교할 것이 더 이상 없었는지 설교자는 청년을 바라보고 이렇게 외쳤습니다.

"이봐요 젊은이! 자네는 지금 참 비참해 보이는군. 뭐 하시오. 예수를 바라보시오! 지금 예수를 바라보시오."

소년이 얼마나 놀라고 당황했는지 반쯤 자리에서 일어났습니다. 그 순간 예수 그리스도를 바라보는 눈이 뜨였습니다. 그리고 일평생 동안 예수 그리스도만 바라보며 살았습니다. 이 소년이 바로 영국의 위대한 설교자였던 찰스 스펄전 목사입니다.

예수님은 어느 날 도둑같이 다시 오실 것입니다. 예수님을 도둑같이 맞지 않으려면 주님의 다시 오심을 준비하고 있어야 합니다. 우리가 그날에 다시 오실 주님을 기쁨으로 맞이할 수 있는 길은 지금 우리 안에 오신 예수님을 사모하며 사는 것입니다.

Q. 당신은 예수님께서 나와 함께 계신다고 고백할 수 있습니까? 깨달은
것을 써보세요.

--------------------------------------------------------------------

--------------------------------------------------------------------

--------------------------------------------------------------------

--------------------------------------------------------------------

--------------------------------------------------------------------

--------------------------------------------------------------------

--------------------------------------------------------------------

# 소그룹
# 나눔 | 인도자용

**마음열기**
**(7분)**

- 찬양 : 주와 같이 길 가는 것(430장), 나의 안에 거하라
- 기도 : 미리 정해진 순서에 따라 기도

**과제점검**
**(5분)**

- 출석체크, 예습, Q.T여부, 기도생활
- 성경암송 점검 – 고린도후서 13:5

  너희는 믿음 안에 있는가 너희 자신을 시험하고 너희 자신을 확증하라

  예수 그리스도께서 너희 안에 계신 줄을 너희가 스스로 알지 못하느냐

  그렇지 않으면 너희는 버림 받은 자니라

- 한 주간 한 명이상 전도했는지 점검합니다. 5과에서 다시

  다룰 예정이므로 확인만 합니다.

**도입질문 및**
**각 과별 진행**
**(98분)**

Q. 어떤 상황에서 하나님께서 자신에게 말씀하셨다고

  느껴본 적이 있습니까?

◐ 이 질문은 예수님과 인격적인 교제를 하고 있는 확인하기 위한 질문입니다. 다양한 대답이
나올 수 있으므로 교재에 기록한 대로만 대답하도록 인도하고, 곧바로 1과를 진행하십시오.

# 01
## 나도 너희 안에
## 거하리라

Q. 여러분은 "예수님은 제 안에 계십니다."라고 고백할 수 있습니까?

-------

-------

-------

-------

-------

-------

Q. 예수님께서 여러분 안에 계시지 않다고 생각된다면 그 이유를 써보세요.

-------

-------

-------

-------

-------

-------

◑ 이 세 가지 질문은 예수님과 인격적으로 교제하고 있는지를 알게 해주는 중요한 질문입니다. 예수님과 인격적인 교제를 나누려면 예수님이 자신 안에 계신다는 확신이 필요하다는 것과 느낌이나 감정에 의지하면 바른 확신을 가질 수 없다는 것을 설명해주십시오.

◑ 1번 질문을 진행하실 때 질문이 요구하고 있는 것처럼 실제 손을 얹고 잠시 예수님이 자신 안에 계신지 묵상하는 시간을 가지십시오.

◉ 예수님께서 우리 안에 계시다는 것은 그저 생각만의 문제가 아닙니다. 예수님께서 정말 자신 안에 계신 것을 알고 있는 사람이라면 그 사실을 삶 속에서 구체적으로 경험하기 마련입니다. 나눔 후에 그와 같은 사실을 강조해주십시오.

Q. 만약 예수님께서 여러분 안에 계신다면 그렇게 믿는 증거는 무엇입니까?

-------

-------

-------

-------

-------

Q. 여러분은 다른 사람을 의식하는 것처럼 예수님께서 언제나 여러분과 함께하신다는 사실을 의식하며 살고 있습니까?

-------

-------

-------

-------

-------

-------

**핵심 요약**  우리가 예수님을 영접할 때 예수님은 우리 안에 오셔서 우리와 함께 계십니다. 문제는 우리 안에 예수님께서 계시는데 삶의 변화가 없다는 것입니다. 불평, 원망, 걱정, 염려가 그대로 있습니다. 죄의 유혹 앞에 무너집니다. 그 이유는 예수님이 내 안에 계신 것을 진짜 믿지 않기 때문입니다. 예수님을 구주로 영접한 사람은 예수님께서 언제나 함께 계십니다. 이 사실을 믿는 사람만이 거룩한 삶을 살 수 있습니다. 항상 예수님을 바라봄으로 예수님이 우리 안에 계신 것을 아는 사람만이 거룩하게 살 수 있습니다.

# 02
# 우리는
# 고아가 아니다

Q. 여러분은 지금까지 어떤 방법으로 주님이 함께 계시고 역사하신다는 사실을 확인하려고 했습니까? 그것이 주님과의 관계에 어떤 영향을 미쳤는지 써보세요.

◉ 예수님이 우리 안에 계신 것을 어떻게 알 수 있는가를 질문하십시오.
나눔 후, 믿는 자 안에는 예수님의 영이신 성령이 내주하신다는 것과 성령이 우리 안에 계시다는 것은 체험이 아니라 말씀으로 확인해야 한다는 점을 확실히 이해시키는 것이 필요합니다.

-------------------------------------------------

-------------------------------------------------

-------------------------------------------------

-------------------------------------------------

-------------------------------------------------

-------------------------------------------------

-------------------------------------------------

-------------------------------------------------

**핵심
요약**   예수님은 하나님 보좌에 우편에 앉아 계시지만, 성령의 임재를 통하여 우리 안에 오셨습니다. 우리가 확증하고 살아야 할 것은 예수님께서 내 안에 계신 것입니다. 우리 안에 계신 예수님을 바르게 확증할 수 있는 방법은 하나님의 말씀입니다. 말씀을 통해서 주님을 알게 되면 내 감정이나 체험에 상관없이 예수님이 나와 함께 계신 것을 알게 됩니다.

# 03
# 성령께서
# 우리 안에 계신 증거 1

**Q. 고린도전서 12:3과 요한일서 4:15에서 예수님을 '주'라고 고백하는 것은 누구 때문이라고 했습니까?**

---
---
---
---

◐ "언제부터 아버지라고 부르는가?" 하는 질문은 곧 하나님과의 관계가 언제부터 변화되었는지를 함께 나누라는 의미입니다.
인도자는 '아버지'라는 호칭이 하나님과의 친밀함에서 나오는 것인지, 아니면 습관적인 것인지 확인할 필요가 있습니다.

**Q. 여러분은 하나님을 '아버지'라고 자연스럽게 부릅니까? 언제부터 하나님을 아버지라고 분명히 부르게 되었습니까?**

---
---
---
---
---
---
---

Q. 어떤 순간에 하나님께서 주시는 은혜를 느낍니까? 여러분이 하나님의 은혜라고 여기는 것을 모두 써보세요.

▶ 예수님이 우리 안에 계시다는 것을 올바르게 알 수 있는 방법은 느낌이나 체험이 아니라 말씀으로 자신의 모습을 비추어보는 것이라는 점을 확실히 해야 합니다. 3과부터 5과까지 여섯 가지 확인 방법이 나오는데, 반원들과 함께 한 가지씩 차근차근 점검해 나가십시오.

--------------------------------------------------

--------------------------------------------------

--------------------------------------------------

--------------------------------------------------

--------------------------------------------------

--------------------------------------------------

--------------------------------------------------

--------------------------------------------------

--------------------------------------------------

--------------------------------------------------

**핵심 요약**

1. 예수님을 주님으로 고백합니다(고전 12:3, 요일 4:15).어떤 상황에서도 예수님을 주님이라고 고백하는 것은 성령이 계신 확실한 증거입니다.

2. 하나님을 아버지라고 부릅니다(롬 8:5-16). 성령을 받지 못한 사람은 비록 창조주 하나님의 존재를 인정하더라도 절대로 하나님을 아버지라 부르지 못합니다.

3. 하나님께서 주시는 은혜를 깨닫습니다(고전 2:12). 평소에 하나님의 은혜라고 깨닫지 못하던 많은 것이 성령을 통해서 은혜임을 깨닫게 됩니다.

# 04
# 성령께서
# 우리 안에 계신 증거 2

◉ 용서하고 싶은데 아직 용
서하지 못하는 것과 용서할
마음조차 없는 것은 전혀 다
른 것입니다.
성령께서 내주하시는 사람
이라면 용서해야 한다는 생
각, 용서하고 싶은 마음이 생
길 것입니다. 그것 자체가 성
령의 역사이지만 실제적으
로 용서하기 위해서는 반드
시 기도해야 함을 강조할 필
요가 있습니다. 기도 후에 무
엇이 달라졌는지 함께 나누
십시오.

Q. 아직도 용서하지 못하는 사람이 있습니까? 그 사람을 위하여 기도하면
어떤 마음이 듭니까?

---------------------------------------

---------------------------------------

---------------------------------------

---------------------------------------

Q. 지금 여러분이 느끼는 성령의 근심은 무엇입니까? 생각나는 대로 다 써
보세요.

◉ 인도자 자신에게 느껴지
는 것이 있다면 먼저 나누십
시오. 반원들도 여러 가지 내
면적인 갈등들에 대해 이야
기 할 것입니다. 그것 자체가
성령이 내주하신다는 증거
라는 것, 그러나 그런 갈등을
지속하는 것은 성령의 뜻이
아님을 말씀해주십시오.

---------------------------------------

---------------------------------------

---------------------------------------

---------------------------------------

---------------------------------------

**핵심
요약**
4. 용서와 사랑의 마음이 생깁니다(요일 4:12-13). 예수님을 믿는 사람은 어떤
사람이든지 용서하고 사랑해야 한다는 명령을 받게 됩니다.
5. 성령의 근심하심을 깨닫습니다(엡4:30). 우리가 그분을 기쁘게 하지 못하더
라도 그분은 우리를 절대 떠나시지 않습니다. 그 대신 우리 안에서 근심하면
서 그 근심을 우리에게 깨닫게 해주십니다.

# 05
## 성령께서
## 우리 안에 계신 증거 3

**Q. 여러분은 하나님과 교회를 위하여 어떤 소원을 가지고 있습니까?**

---------------------------------------------

---------------------------------------------

---------------------------------------------

---------------------------------------------

---------------------------------------------

○ 하나님과 교회를 위하여 무엇을 하고 싶은 생각이 들었다면 성령께서 주신 그 마음을 지나치지 말고 순종하도록 요청하십시오.

**Q. 전도하고 싶은 마음이 들었던 적이 있습니까? 여러분은 그 마음에 어떻게 반응했습니까?**

---------------------------------------------

---------------------------------------------

---------------------------------------------

---------------------------------------------

---------------------------------------------

○ 평상시 전도에 대한 마음이나 과제 점검 시 나누지 않았던 느낌이나 생각들을 이곳에서 나누도록 합니다.

◐ 이제는 예수님께서 여러 분과 함께 계신다고 분명히 답할 수 있겠습니까? 말씀으로 확인하게 되니 어떻습니까? 질문에 답하도록 하고 그 감격을 함께 나누도록 합니다.

Q. 여러분은 예수님께서 나와 함께 계신다고 고백할 수 있습니까? 깨달은 것을 써보세요.

---

---

---

---

---

---

---

**핵심**
**요약**

6. 하나님의 소원을 품습니다(빌2:13). 성령을 받은 사람은 하나님을 기쁘게 해드리고자 하는 소원을 스스로 갖게 됩니다. 우리가 하나님과 교회를 위하여 헌신의 마음을 갖게 되는 것은 전적으로 성령의 역사입니다

7. 전도할 마음이 생깁니다(행1:8). 예수님께서는 성령을 받으면 예수님의 증인이 될 것이라고 말씀하셨습니다. 성령은 예수님을 증거 하시는 분이기 때문입니다. 성령께서 우리 안에 계신 증거는 하나를 통해서 알아볼 것이 아니라 전체적으로 분별해야 합니다.

**마무리**
**(10분)**

1. 함께 기도하기

   • 개인 기도제목을 나눕니다.

   • 인도자가 단원 주제에 맞는 기도제목을 제시하고

     개인 기도제목과 함께 기도합니다.

   • 인도자가 마무리 기도하고 주기도문으로 마칩니다.


2. 광고

   • 다음 모임에 대한 안내와 다음 주 공부할 단원을 짧게 소개합니다.

   • 성경암송 과제는 요한일서 1:9 입니다.

# 3

# 회개의
# 기쁨

만일 우리가 우리 죄를 자백하면
그는 미쁘시고 의로우사 우리 죄를 사하시며
우리를 모든 불의에서 깨끗하게 하실 것이요

요한일서 1:9

3단원 핵심영상강의
youtu.be/7T6aMw283Zc

# 01

# 정죄와
# 징계

이미 목욕한 자는 발밖에 씻을 필요가
없느니라 온 몸이 깨끗하니라
요한복음 13장 10절

**1과 핵심요약**

❶ 죄를 지으면 불신자는 정죄
를 받으나 그리스도인은 징
계를 받는다.

❷ 하나님께서는 죄와 허물이
있는 우리를 정죄하여 버리
시지 않으시고 징계하여 회
개하게 하신다.

❸ 징계로 인해 회개하게 되고
하나님과의 관계회복의 기
회를 얻기에 징계는 복이다.

❹ 구원받은 그리스도인에게
더욱 필요한 것이 바로 회개
이다.

십자가의 능력은 우리가 지옥에 갈 죄인이라는 사실을 깨닫게 합니다. 또한 우리의 죄가 예수님의 십자가에서 완전히 사함을 받고 깨끗하게 되었다는 사실을 깨닫게 하고 믿어지게 하는 능력입니다. 우리는 우리를 정죄하는 모든 죄에서 구원받았고 하나님의 자녀가 되었습니다. 그렇다면 그리스도인들은 더 이상 죄와 상관 없는 삶을 살게 되는 것일까요? 그렇지 않습니다. 죄의 문제는 불신자만의 문제가 아닙니다. 예수님을 영접하고 구원받은 그리스도인에게도 여전히 죄의 문제는 중요합니다.

제가 예수님을 구주로 영접하고 나서 마음에 굳게 결심한 것은 다시는 죄를 짓지 않겠다는 것이었습니다. 하나님 앞에서 조그마한 죄도 짓고 싶지 않다는 마음으로 하나님 앞에 기도하고 결단했습니다. 저는 제가 엄청나게 변화될 줄 알았습니다. '이제는 새 삶을 살게 되겠구나!' 하고 생각했습니다.

그런데 하루가 지나고 이틀이 지나고 사흘이 지나도 제 삶이 그대로였습니다. 제 마음에 육신의 정욕, 안목의 정욕, 이생의 자랑이 하나도 없어지지 않고 그대로 남아 있는 것입니다. 이것을 자각하고는 정말 당황스러웠습니다. "내가 아직도 진짜 회개를 하지 않은 것인가?" 하는 생각이 들기도 했습니다.

구원파와 같은 이단은 이런 점을 이용하여 성도들을 미혹합니다. 그들은 성도들에게 "당신은 정말 구원받았습니까? 그렇다면 언제 구원받았습니까? 구원을 받았다면 생일을 기억하듯 구원받은 날짜를 기억해야 합니다."라면서 접근해옵니다. 그리고 "한번 구원받은 자는 더 이상 죄의 문제와는 상관이 없고, 따라서 회개도 필요치 않다."라고 가르칩니다. 죄책감이 든다면 구원의 확신이 없어서라는 것입니다.

그러나 이 가르침은 성경적이지 않습니다. 예수님을 믿고 죄에서 구원받았다는 것은 우리가 하나님께 용서받고 용납된 자녀가 되었다는 것이지, 이제부터는 죄를 지어도 좋다거나, 죄의 문제는 더 이상 신경 쓰지 않아도 된다는 말이 아닙니다.

많은 구원받은 성도들 안에도 죄가 여전히 역사하며, 죄와의 싸움이 끊임없이 이어진다는 것을 성경적으로 알지 못하기 때문에 이런 이단의 유혹에 흔들리는 것입니다.

하나님은 우리가 예수님을 영접할 때, 우리의 어떤 죄도 이미 다 용서하셨고, 또 앞으로도 용서해 주십니다. 그러나 하나님은 성도가 짓는 죄를 무조건 용납하시는 것이 아니라는 사실을 깨달아야 합니다.

그렇다면, 구원받은 하나님 자녀와 불신자에게 죄의 결과는 어떤 차이가 있을까요?

**로마서 8:1**

그러므로 이제 그리스도 예수 안에 있는 자에게는 결코 정죄함이 없나니

Q. 다음의 성경 말씀을 읽고 질문에 답을 쓰세요.

1. 로마서 8:1에서 그리스도인에게는 무엇이 없다고 했습니까?

정죄.

**히브리서 12:7-8**

7 너희가 참음은 징계를 받기 위함이라 하나님이 아들과 같이 너희를 대우하시나니 어찌 아버지가 징계하지 않는 아들이 있으리요 8 징계는 다 받는 것이거늘 너희에게 없으면 사생자요 친아들이 아니니라

2. 히브리서 12:7-8과 요한계시록 3:19에서 그리스도인은 무엇을 받는다고 했습니까?

징계.

**요한계시록 3:19**

무릇 내가 사랑하는 자를 책망하여 징계하노니 그러므로 네가 열심을 내라 회개하라

3. 정죄와 징계는 어떤 차이가 있다고 생각하십니까?

불신자의 죄에는 정죄가 따르고, 그리스도인의 죄에는 징계가 따름.

4. 신앙생활을 하면서 하나님의 징계라고 느껴질 만한 일이 있었다면 무엇입니까?

예수님은 십자가를 앞에 두고 제자들의 발을 씻기셨습니다. 베드로의 차례가 되었을 때 베드로는 절대로 예수님이 자기 발을 씻기실 수 없다고 거절했습니다. 예수님은 발을 씻지 않으면 자신과 아무런 상관이 없다고 말씀하셨습니다. 그러자 베드로는 발뿐만 아니라 손과 머리도 씻겨 달라고 요청했습니다. 그때 예수님은 이렇게 말씀하셨습니다.

이미 목욕한 자는 발밖에 씻을 필요가 없느니라 온 몸이 깨끗하니라

요 13:10

그리스도인들은 불신자들과는 달리 목욕한 자들입니다. 발만 씻으면 되는 사람들입니다. 불신자들이 죄를 지으면 정죄를 받습니다. 율법에 의하여 죄인임이 드러나고 지옥에 가야 한다는 판결을 받게 되는 것입니다. 그러나 그리스도인들이 죄를 지으면 정죄가 아니라 징계를 받습니다. 정죄와 징계는 전혀 다른 차원입니다. 하나님께서는 그리스도인들이 죄를 지어도 정죄해서 버리시지 않습니다. 예수 그리스도의 십자가를 통해 온몸이 깨끗한 사람들이기 때문입니다. 이것은 '다시는 정죄가 없다.'는 뜻입니다.

그러나 하나님께서는 자녀인 우리에게 죄와 허물이 있으면 즉시 징계하여 회개하게 하십니다. 이것은 부모가 자녀를 대함과 같습니다. 부모는 자녀가 잘못을 저지르면, 징계를 해서라도 바로 잡아 주는 것처럼 하나님 아버지도 그렇게 하십니다.

어느 날 유명한 부흥사인 무디에게 어떤 여자 교인이 찾아와서 이렇게 말했습니다.

"제가 아무리 범죄 해도 하나님은 저를 그대로 놔두세요. 그러므로 하나님은 계시지 않는 게 분명해요."

이 이야기를 듣고 있던 무디는 부인을 지그시 바라보면서 이렇게 이야기합니다.

"부인! 지금 부인은 스스로 그리스도인이 아니라는 사실을 증명하고 있습니다."

"왜요? 제가 교회를 얼마나 오래 출석했는데요."

부인이 반문하자 무디는 다시 말합니다.

"당신이 그리스도인이라면 하나님은 당신을 그대로 놔두지 않으셨을 것이기 때문입니다."

예레미야 5:25
너희 허물이 이러한 일들을 물리쳤고 너희 죄가 너희로부터 좋은 것을 막았느니라

Q. 예레미야 5:25에서 그리스도인이 하나님께서 주시는 좋은 것을 누리지 못하는 이유를 무엇 때문이라고 합니까?

우리의 허물과 죄 때문에.

----

----

하나님께서는 죄 위에 은혜와 부흥을 부어주시지 않습니다. 죄와 허물이 있으면 하나님의 자녀가 누릴 은혜와 복을 누리지 못하게 됩니다. 하나님의 자녀라 할지라도 죄를 지으면 기쁨이 사라집니다. 기도의 문이 막힙니다. 감사와 마음의 평화가 사라집니다. 모든 힘을 다 빼앗긴 채 무능한 그리스도인이 됩니다.

많은 사람이 징계를 두려워합니다. 그러나 사실 징계는 복입니다. 그 징계 때문에 회개하고 하나님과의 관계를 회복할 수 있는 기회를 얻게 되기 때문입니다. 반대로 죄를 지어도 잘되는 것은 복이 아니라 하나님께 버림받았다는 증거입니다.

또한 그들이 마음에 하나님 두기를 싫어하매 하나님께서 그들을
그 상실한 마음대로 내버려 두사 합당하지 못한 일을 하게 하셨으니

롬 1:28

징계는 고통스럽지만 징계가 있다는 것은 하나님의 자녀라는 증거입니다. 그러므로 회개는 구원받지 못한 사람에게만 필요한 것이 아닙니다. 구원받은 그리스도인에게 더욱 필요한 것이 바로 회개입니다.

Q. 당신이 죄 때문에 누리지 못한 하나님의 은혜는 무엇입니까? 그것이 회복되었습니까?

# 02

3단원

# 죄를 이기는
# 능력

우리 주 예수 그리스도로 말미암아
우리에게 승리를 주시는 하나님께 감사하노니
고린도전서 15장 57절

**2과 핵심요약**

❶ 진정한 회개는 예수님과 인격적인 관계 안에서 이루어진다.

❷ 예수님이 함께하시는 것을 분명히 아는 사람은 계속해서 회개의 삶을 살아간다.

❸ 회개를 통해 더욱 예수님을 바라보게 된다.

❹ 예수님의 임재가 실제가 되면 죄를 이길 수 있다.

많은 성도가 죄에 눌려 살아가고 있습니다. 주일예배 때 대표 기도하는 사람들이 매주 비슷한 기도를 드리는 것을 봅니다.

"지난 주간도 죄 중에 살다왔습니다. 연약하고 죄 많은 모습 그대로 나왔습니다. 용서하여 주옵소서!"

평생 이런 기도만 하다가 하나님 앞에 가는 것이 정상입니까? 그렇지 않습니다. 하나님의 뜻은 예수 그리스도 안에서 죄에 대하여 완전한 승리의 삶을 살아가는 것입니다.

그렇다면 어떻게 그리스도인들이 죄에 대하여 승리하는 삶을 살 수 있습니까? 회개입니다.

Q. 요한일서 1:9을 읽고 말씀 속에 나타난 하나님의 약속을 쓰세요.

우리가 죄를 자백하면 죄를 사해 주시고 모든 불의에서 깨끗하게

해주심.

요한일서 1:9

만일 우리가 우리 죄를 자백하면 그는 미쁘시고 의로우사 우리 죄를 사하시며 우리를 모든 불의에서 깨끗하게 하실 것이요

하나님께서는 우리가 죄를 고백하고 회개하면 우리의 죄를 사해 주시고 모든 불의에서 깨끗하게 해주신다고 약속하셨습니다. 이것이 죄를 이기는 방법입니다. 노력해서는 죄를 이길 수 없지만 회개를 통해서는 죄를 이길 수 있습니다. 회개를 통해서 죄를 이기고 은혜가 충만한 신앙생활을 할 수 있습니다.

많은 그리스도인이 신앙생활을 하면 할수록 오히려 은혜와 감격을 잃어버립니다. 왜 그들에게 십자가의 감격이 없을까요? 많은 시간이 흘렀기 때문일까요? 아닙니다. 회개의 삶이 없기 때문입니다. 안타깝게도 많은 성도가 죄를 그냥 지나치고 넘겨 버리기 때문입니다.

우리는 하루를 마무리하고 잠자리에 들기 전에 다 씻습니다. 그런데 말과 행동으로 잘못하고, 마음으로 잘못한 죄에 대해서는 회개하지 않고 그냥 넘어가는 사람이 너무 많습니다. 그것이 쌓여서 기도는 해야 하는데 기도할 수 없게 되고, 시간이 지나면서 영적으로 무감각해지게 되는 것입니다.

하나님의 마음을 아프게 하고도 마음이 편안하고, 죄를 짓고도 아무렇지 않게 예배드립니다. 정말 두려운 일입니다. 주님과의 사이를 죄가 가로막고 있는 것입니다.

얼마 전 암으로 돌아가신 한 장로님의 이야기가 생각납니다.

솔직히 경건한 신앙인이라기보다 교회 정치에 열심이셨던 분이었습니다. 그런데 그의 자녀들은 참으로 신실했고 그중 한 명은 목사 사모였습니다. 평소 아버지를 잘 모시지 못했던 것이 못내 아쉬웠던 딸은 아버지가 입원해 있는 병실에서 아버지를 간병했습니다.

어느 날 새벽예배 시간에 아버지가 회개해야 한다는 하나님 말씀을 들었습니다. 아버지에게 가서 회개하도록 하라니, 딸의 입장에서는 참으로 곤란한 상황이 아닐 수 없었습니다. 하지만 하나님께서 너무나 분명한 마음을 주셨기에 그녀는 아버지와 단둘이 있는 시간에 이렇게 말씀드렸습니다.

"아버지, 하나님께서 아버지가 회개하기를 원하세요."

그 말을 들은 아버지 장로님은 얼마나 노발대발 역정을 내시는지 당장 그 자리에서 쫓겨났다고 합니다. 평생 열심히 하나님을 섬겼다고 생각하는 자신에게 회개하라는 딸의 말이 몹시 언짢았던 것입니다. 자녀들은 "아버지를 이대로 하나님 앞에 가게 할 수는 없다."며 눈물로 기도하기 시작했습니다.

사흘쯤 지났을 때 그 장로님이 자녀들을 모두 불러 모았습니다. 자녀들이 모두 모인 자리에서 그는 자신이 무릎을 꿇을 수 있도록 도와달라고 말했습니다. 온몸에 암이 퍼져 통증으로 다리를 만지지도 못하게 하시던 분이 무릎을 꿇고 "하나님, 제가 이런 잘못을 회개합니다⋯."라며 통곡하고 회개하기 시작했습니다. 부인과 자녀들에게도 "이것은 내가 잘못했다."라고 하며 일일이 용서를 구했다고 합니다. 누웠다가 또 회개할 일이 생각나면 침상에서 일어나 다시 무릎을 꿇고 회개하고, 그렇게 몇 날을 회개하시다가 어느 저녁 아무 고통 없이 평안히 소천했습니다. 하나님께서 그토록 기다리시던 회개를 다 쏟으시고 하나님의 용서와 은혜를 입고 하나님 앞에 가신 것입니다.

회개는 죄를 이기는 능력이고 은혜와 복을 회복하는 능력입니다. 그런데 왜 회개를 하지 않습니까? 우리 안에 회개에 대한 좌절이 있기 때문입니다.

어느 목사가 초등학교 다니는 아들이 잘못하는 것을 보고 "너 회개해야 한다."라고 했다고 합니다. 그런데 아이가 그러더랍니다.

"회개하면 뭐해? 또 죄지을 텐데…."

그는 할 말이 없었습니다. 안타깝지만 이것이 우리의 현실적인 경험입니다.

많은 사람이 죄를 짓고 회개합니다. 그리고 얼마 지나지 않아, 또 같은 죄를 짓는 삶을 반복합니다. 그러고는 '회개해도 전혀 변화가 없네.'라며 회개에 대한 믿음이 흔들립니다.

여기에 우리의 고민이 있습니다. 성경은 분명, 죄를 고백하고 회개하면 모든 불의에서 깨끗하게 된다고 하셨는데, 왜 우리는 그 말씀을 경험하지 못할까요?

그것은 우리의 회개에 문제가 있기 때문입니다. 어떤 문제입니까? 회개를 하는데 우리의 입술로 죄지은 목록을 나열하는 정도로만 회개를 합니다. 또, 죄에 대한 후회와 애통하는 감정만으로 회개를 끝내는 것입니다. 그러한 회개는 엄밀히 말하면 성경에서 말하는 회개가 아닙니다.

진정한 회개는 죄만 바라보고 하는 회개가 아니라 살아 계신 예수님을 바라보며 하는 회개여야 합니다. 요한일서 1장 9절은 우리가 죄를 자백하는 것과 함께, 미쁘시고 의로우신 주님이 우리 죄를 사하신다고 말씀하십니다. 즉, 회개는 주님과의 관계에서 하는 것입니다.

우리가 죄를 자백할 때, 우리를 깨끗하게 하시는 의로우신 예수님을 바라봅니까?

왜 그리스도인들이 죄를 짓고도 회개하지 않을까요? 왜 회개하면서 또 죄를 짓는 것일까요? 예수님께서 자기 안에 거하심을 진정으로 믿지 않고, 주님과의 교제도 없기 때문입니다. 예수님을 바라보지 않으니 회개할 대상이 없는 것입니다.

당신이 누구와 함께 있을 때, 그에게 잘못한 것이 있다면, "죄송합니다. 용서해 주세요." 하지 않을까요? 내가 용서를 구해야 할 상대가 바로 앞에 있기 때문에 자백을 하는 것이지요. 만약 누군가, 벽에 대고 '용서해 주세요.'라고 말한다면 용서를 구한 그 말이 무슨 의미가 있을까요? 마찬가지로 예수님이 마음에 거하심이 믿어지는 사람이 예수님께 죄를 자백하게 되는 것입니다. 회개는 철저히 예수님과 동행하는 삶을 바탕으로 이루어집니다.

우리의 삶은 다 주님과 관계되어 있습니다. 우리가 짓는 모든 죄는 다 주님께 지은 죄입니다. 배우자에게, 부모에게, 자녀에게, 교인들에게, 직장 동료에게, 혼자 은밀히 지은 부끄러운 일, 모두 다 예수님께 지은 죄입니다. 예수님을 영접하였기 때문입니다. 만약 예수님께서 함께 계시는 것을 아는 사람이라면 죄를 짓는 순간 잘못을 고백하게 될 것입니다.

"주님, 잘못했습니다."

회개 없이 산다는 것은 예수님께서 함께 계시다는 것을 믿지 않는다는 증거입니다. 회개할 대상이 분명하지 않으니 죄를 짓고도 그냥 넘어가는 것입니다.

무엇을 회개할지 고민하는 사람들도 있습니다. 예수님을 의식하지 않고 말하고 행동했던 모든 것, 예수님께 묻고 상의하고 결정하지 않은 모든 것이 다 회개해야 할 것들입니다.

진정한 회개는 예수님을 바라보는 것입니다. 예수님이 나와 함께하시는 것을 분명히 아는 사람은 계속해서 회개의 삶을 살게 됩니다. 예수님이 나와 함께 계시다는 사실을 의식하니까 작은 죄라도 회개하게 되고, 그 회개를 통해서 더욱 예수님을 바라보게 됩니다.

회개는 결국 우리가 죄를 이기게 합니다. 예수님께서 함께하심이 분명히 믿어지기 때문입니다. 죄보다 무서운 것이 회개하지 않는 것입니다. 마귀가 결정적인 순간을 노리고 있습니다. 지금 얼마나 많은 성도와 목회자, 교회가 이 함정에 빠져 무너지고 있는지 모릅니다.

1999년 5월, 미국의 모 신문에 13년간 하버드대학교 신학대학 학장을 지낸 로널드 티먼 교수가 파면되었다는 기사가 실렸습니다. 그 이유인즉, 대학의 컴퓨터 기사가 학장 관사에 있던 티먼 교수의 컴퓨터에 수백 장의 음란 사진이 저장되어 있는 것을 발견했기 때문입니다. 사진을 발견한 기사는 즉시 총장에게 이 사실을 보고했고 이 신학대 학장은 파면되었습니다.

어떻게 신학대학 교수라는 사람이 포르노광일 수 있느냐고 묻는 사람도 있을 것입니다. 하지만 저는 그 기사를 읽으면서 얼마든지 가능한 일이라고 생각했습니다.

목사도 똑같이 죄의 유혹을 받습니다. 신학대학 교수라고 해서, 목사라고 해서 육신의 정욕, 물질의 탐심, 명예욕에서 자유로운 것은 아닙니다. 죄의 유혹을 받는 것은 똑같습니다. 티먼 교수의 문제는 그가 죄의 유혹을 받은 것이 아니라 죄를 짓고도 회개하지 않고 살았다는 데 있습니다.

Q. 당신은 죄를 짓고도 회개하지 않고 넘어갔던 일이 있었습니까? 만약
  있었다면 그 이유는 무엇입니까?

# 03

3단원

# 하나님의
# 완전한 용서

서로 친절하게 하며 불쌍히 여기며 서로 용서하기를
하나님이 그리스도 안에서 너희를 용서하심과 같이 하라

에베소서 4장 32절

## 3과 핵심요약

❶ 많은 그리스도인은 회개하면서도 용서받았다는 확신을 갖지 못한다.

❷ 예수님을 진심으로 염절한 사람들에게는 언제나 완전한 용서가 밑바탕에 깔려 있다.

❸ 우리와 항상 함께하시는 예수님을 바라볼 때 예수님은 내 삶에 더욱 실제가 되시고 더 이상 죄에 무너지지 않도록 지켜주신다.

❹ 주님의 구원 손길을 느끼며 용서받은 감격을 누리므로 회개는 기쁨이 된다.

### 마태복음 18:22

예수께서 이르시되 네게 이르노니 일곱 번뿐 아니라 일곱 번을 일흔 번까지라도 할지니라

많은 그리스도인이 회개 없이 사는 것도 문제이지만 회개를 하고도 용서받았다는 확신이 없는 것도 큰 문제입니다. 어떤 사람이 죄를 짓고 반복하여 회개하는 것 때문에 더 이상 회개할 수 없었다고 말하는 것을 들었습니다. "벼룩도 낯짝이 있다."는 속담처럼 회개하기도 부끄럽다는 것입니다. 그러나 우리가 기억할 사실은 하나님께서는 우리가 회개할 때마다 몇 번이고 용서해 주신다는 사실입니다.

Q. 마태복음 18:22에서 예수님께서는 형제를 몇 번이나 용서하라고 하셨습니까?

__일곱 번뿐 아니라 일곱 번을 일흔 번까지도.__

144

어느 날 베드로가 형제를 몇 번이나 용서해야 하는지를 물었습니다. 베드로는 일곱 번이면 많이 용서하는 것이라고 생각했습니다. 그러나 예수님께서는 "일곱 번뿐 아니라 일곱 번을 일흔 번까지라도 할지니라"(마 18:22)고 말씀하셨습니다. 형제가 용서를 구하기만 한다면 490번이라도 용서하라는 것입니다. 우리에게 다른 사람을 그토록 계속적으로 용서할 것을 요구하시는 이유가 무엇이겠습니까? "일곱 번을 일흔 번까지라도 용서하라"는 말씀은 예수님께서도 우리를 그렇게 용서해 주시겠다는 약속이 담겨 있는 것입니다.

성경적인 회개는 완전한 용서에 기초를 둡니다. 예수님을 진심으로 영접한 사람들에게는 언제나 완전한 용서가 밑바탕에 깔려 있습니다. 그리스도인으로서 살아가다가 혹시 실수하고 넘어진다 할지라도 하나님은 언제나 용서해 주십니다. 놀라운 은혜입니다. 그런데, 왜 이런 은혜를 베푸실까요? 그것은 우리가 죄를 이기는 삶을 살도록 하시려는 것입니다.

서커스의 공중곡예를 생각해보세요. 공중곡예를 넘는 사람들 밑에는 안전그물이 깔려 있습니다. 그들은 곡예를 하다 떨어져도 안전그물이 그들을 받쳐줍니다. 왜 안전그물을 치는 걸까요? 그것은 안전그물을 믿고, 두려움을 떨쳐내고 공중곡예를 성공하라는 것입니다.

이와 같이, 우리 죄를 끝까지 사해 주시는 하나님의 마음에는 그 은혜를 힘입어 죄와 싸워 이기라는 뜻이 담겨져 있는 것입니다.

누구나 반복적으로 넘어지는 죄가 있습니다. 이상하게 사람마다 극복하기 어려운 죄가 있습니다. 그렇다면 수첩에 '바를 정(正)'자를 그어가며 회개해 보시기 바랍니다. 490번까지 가는지 실험해 보시기 바랍니다. 매번 예수님을 바라보며 회개하면 다 용서받습니다. 그것이 우리에게 주신 하나님의 약속입니다.

"하나님, 잘못했습니다. 용서해 주세요!"
"그래 용서한다."
"하나님, 잘못했습니다. 용서해 주세요!"
"그래 용서한다."
"하나님, 잘못했습니다. 용서해 주세요!"
"그래 용서한다."
…

이렇게 하다 보면 아마 100번도 안 되어 이런 고백을 할 것입니다.
"하나님, 더 이상 죄짓고 싶지 않습니다. 더 이상 죄짓고 용서해 달라고 말하기 싫습니다."

죄짓는 것이 고통스러워지고 죄가 싫어지면 죄를 이길 수 있게 됩니다. 회개가 죄를 이기도록 만드는 것입니다. 죄를 바라보며 회개하는 것이 아니라 나를 끊임없이 용서해 주시는 예수님을 바라보며 회개할 때, 그것이 죄를 이기는 능력이 되는 것입니다.

저는 지금의 제가 있게 된 것이 하나님의 용서하심 때문임을 깊이 깨달았습니다. 저는 지금까지 하나님께서 "내가 너를 용서한다.", "용서한다.", "용서한다.", "용서한다." 하시는 말씀을 수없이 들었습니다.

예수님을 영접하면 자동적으로 죄를 짓지 않게 되는 것이 아니었습니다. 음란, 욕심, 교만, 자랑, 혈기 다 똑같았습니다. 만약 한 번이라도 하나님께서 "이제 더는 용서할 수 없다!" 하셨다면 저는 끝났을 것입니다. 그러나 제가 이런 것들로 가슴을 칠 때마다 하나님께서는 "내가 너를 용서한다." 하셨고, 결국 저는 그 은혜로 죄를 이겼습니다.

육신적으로는 달라진 것이 없지만, 예수님이 나와 함께 계시다는 믿음 하나는 달라졌습니다. 그런데 예수님께서 나와 함께하신다는 믿음이 달라지니까 육신의 정욕대로 살지 않게 되는 것입니다.

Q. 요한일서 5:18에 하나님께로부터 난 사람은 어떻게 된다고 했습니까?

하나님께로부터 난 자는 범죄 하지 않음.

요한일서 5:18
하나님께로부터 난 자는 다 범죄하지 아니하는 줄을 우리가 아노라 하나님께로부터 나신 자가 그를 지키시매 악한 자가 그를 만지지도 못하느니라

Q. 악한 자가 그를 만지지도 못하는 비결은 무엇이라고 했습니까?

하나님께로부터 나신 자(예수님)가 그를 지키시므로.

요한일서 5장 18절에는 놀라운 약속이 담겨져 있습니다. 하나

님께로부터 난 자, 즉 그리스도인은 범죄 하지 않는다는 것입니다. 죄의 유혹과 생각은 일어날 수 있습니다. 또 악한 자가 여전히 우리의 육신을 통하여 죄를 짓도록 유혹합니다. 그러나 그리스도인은 누구든지 죄를 짓지 않을 수 있습니다. 이것이 성도가 이 땅에서 누리는 놀라운 삶입니다.

그런데, 이 삶에는 전제조건이 하나 있습니다. 그것은 하나님께로부터 나신 자, 즉 예수 그리스도가 나를 지키시는 것입니다.

그러면, 예수님이 지키는 사람이 있고, 아닌 사람이 있습니까? 그렇지 않습니다. 예수님은 모든 믿는 자의 마음에 이미 오셨습니다. 주님은 나를 지키고 계십니다. 문제는 주님이 나를 지키시도록 주님을 바라보며, 주님과 교제하면서 살았는가? 하는 것입니다.

율법적 의무감과 노력으로는 결코 죄를 이길 수 없습니다. 우리가 경건하게 살 수 있는 것은 오직 예수님 때문입니다. 항상 예수님을 바라보고 살 때, 죄의 유혹을 이기고 경건하게 살 수 있습니다.


종교개혁자 마르틴 루터는 수도사였습니다. 수도사는 죄를 지으려고 해도 지을 수 없는 사람입니다. 왜냐하면 여자가 없으니 간음죄를 지을 수 없고, 사유재산이 없으니 도적질 할 것도 없고, 명예나 권세를 위해 출세해야 할 필요도 없으니 인간적 욕망의 노예가 될 리도 없습니다. 그럼에도 불구하고 마르틴 루터는 수도원에서 죄로 고민했습니다. "내 죄, 내 죄, 내 죄입니다." 하며 그는 가슴을 치면서 괴로워했습니다. 아무리 회개하고 고행을 해도 죄 문제가 해결되지 않았습니다.

당시 로마에는 스칼라 산타라는 성당이 있었습니다. 이 성당에는 예수님께서 빌라도 앞에서 재판받으실 때 올라가셨다는 계단이 있다고 합니다. 사람들은 이 계단을 무릎으로 기어서 오르내리면 죄 사함 받고 구원을 받는다고 믿었습니다. 루터도 무릎으로 기어오르면서 한 계단 오를 때마다 입을 맞추고, 주기도문을 외웠습니다. 그러나 다 올라갔지만 해결된 것은 아무것도 없었습니다.

그때 마치 큰 불빛을 보는 것처럼 말씀이 귀에 들려왔습니다.

"의인은 믿음으로 말미암아 살리라."

믿음으로 말미암아 의롭다 함을 얻는 것이지 계단을 무릎으로 기어오른다고 죄 사함 받는 게 아니라는 사실을 깨달았습니다. 그 순간 루터는 하늘 문이 열리는 경험을 했다고 했습니다.

의인은 믿음으로 말미암아 삽니다. 믿음으로 구원의 은혜를 받고, 믿음으로 용서하시는 은혜를 누립니다. 그렇다면 이 믿음은 어떻게 생길까요?

**믿음의 창시자요 완성자이신 예수를 바라봅시다** 히 12:2, 새번역

예수님을 바라볼 때 우리 안에서 믿음이 시작됩니다. 우리가 계속해서 예수님을 바라볼 때 우리의 믿음은 더 온전해집니다.

예수님을 바라볼 때 예수님이 우리 안에 계시다는 믿음이 점점 더 실제가 되는 것입니다.

예수님께서 우리 마음에 오셨습니다. 예수님께서 항상 우리와 함께 계십니다. 이 진리가 진짜 믿어지면 매일 회개의 삶을 살게 됩니다. 나의 말, 생각, 행동 등 모든 것이 회개가 되기 시작합니다. 그러면 예수님은 나에게 더욱 실제가 되시고, 결국 예수님은 나를 더 이상 죄에 무너지지 않도록 지켜주십니다. 악한 자가 나를 만지지도 못합니다. 회개의 놀라운 능력입니다.

많은 사람이 은밀한 죄에 빠져 살고 있습니다. 자기 혼자만 안다고 생각하기 때문에 그 죄의 심각성을 알지 못하고, 그 죄에서 빠져나오지 못합니다. 그러나 예수님께서 함께하신다는 사실을 알면 은밀한 죄란 존재하지 않습니다.

예수님이 함께 계시는 것을 알지 못하면 혼자 있는 시간은 은밀한 죄를 짓는 시간이 될 수밖에 없습니다. 그러나 예수님 앞에서 죄지을 사람이 누가 있겠습니까? 예수님 앞에서 교만할 사람이 누가 있겠습니까? 예수님 앞에서 혈기부릴 사람이 누가 있겠습니까? 예수님이 나와 함께하시는 것이 분명해지면 혼자 있는 시간은 예수님과 은밀한 교제의 시간, 거룩한 시간으로 변합니다. 이것이 바로 기적입니다.

저는 처음에는 회개를 고통스러운 것으로 알았습니다. 그러나 회개는 기쁨이었습니다. 회개할 때마다 예수님을 만나기 때문입니다. 그저 만나는 것이 아니라 가슴으로 안아 주시며 용서해 주십니다. 우리가 진정으로 회개할 때, 예수님의 구원 손길을 느끼며 용서받은 감격을 누리며 살 수 있습니다.

Q. 당신의 회개는 죄를 이기는 능력입니까? 그렇지 못하다면 문제가 무엇이라고 생각합니까?

-------------------------------------------------------

-------------------------------------------------------

-------------------------------------------------------

-------------------------------------------------------

-------------------------------------------------------

# 회개와 죄의 고백

세리는 멀리 서서 감히 눈을 들어 하늘을 쳐다보지도 못하고 다만 가슴을 치며
이르되 하나님이여 불쌍히 여기소서 나는 죄인이로소이다 하였느니라

누가복음 18장 13절

**4과 핵심요약**

❶ 회개는 그리스도인의 죄와 세상을 이기는 가장 큰 무기이다.

❷ 하나님께서 우리에게 원하시는 것은 진심의 회개이다.

❸ 참 회개는 자신의 죄를 고백하는 데서부터 시작된다.

❹ 교회 공동체를 통해 서로의 죄를 회개함으로 주님과 깊은 교제로 나아갈 수 있다.

많은 사람이 은밀한 죄 때문에 고통당합니다. 은밀한 죄와 싸우고 있는 사람이 죄를 이기려면 어떻게 해야 할까요? 은밀한 죄를 이기는 하나의 방법은 자신의 죄를 다른 사람에게 고백하는 것입니다.

자신의 죄를 다른 사람에게 고백하는 것에 대해 부정적으로 생각하는 사람도 있을 것입니다. "하나님 앞에서 죄를 고백하면 되지 꼭 사람 앞에서 죄를 고백해야 하나?" 그러나 진심으로 주님 앞에서 죄를 고백했다면 다른 사람 앞에서도 죄를 고백하는 것이 더 이상 문제가 되지 않습니다. 진정으로 죄를 이기기 원하는 사람만이 오히려 자기 죄를 고백할 수 있습니다.

《남자들의 은밀한 전쟁》이란 책을 쓴 패트릭 민즈 목사는 자신이

152

싸우고 있는 죄에 대하여 다른 사람에게 고백하여 도움을 요청하고 있다면 진정으로 회개한 것이고, 다른 사람들에게 그 문제를 기꺼이 말하려고 하지 않는다면, 밤새도록 가슴을 치며 울고 금식해도, 아직도 자신을 속이고 있는 것이라고 말했습니다.

완치가 어려운 병중에 하나가 알코올중독입니다. 일단 알코올에 중독되면 치유되는 것이 쉽지 않습니다. 알코올중독에서 빠져나오는 치유의 첫 번째 단계는 자신의 상태를 인정하는 것입니다. "나는 알코올중독자입니다."라고 있는 그대로 자기의 모습에 대해 말하는 것입니다. 있는 모습 그대로 자기의 상태를 바라보고, 대면하고, 인정하는 것이 치유의 시작입니다. 자신의 상태를 부정하면 어떤 방법을 쓰더라도 치유는 일어나지 않는다는 말입니다.

캐나다 코스타(KOSTA)에서 죄를 이기는 법에 대해 말씀을 전한 적이 있습니다. 그때 저는 수련회에 참석한 유학생들에게 정말로 죄를 이기기 원한다면 죄를 고백하라고 설교했습니다. 그다음 해에 갔더니 똑같은 강의를 또 해달라고 했습니다.

캐나다 토론토의 어떤 유학생이 간증을 했습니다. 그 학생은 지난해에 이 수련회에 참석하여 제가 전한 말씀을 듣고 청년부에 가서 고백을 했다고 합니다.

"제가 음란 사이트에 빠져 있습니다. 저를 위해 기도해 주십시오."

그랬더니 자기만 그런 것이 아니고 대부분의 사람이 거기에 빠져 있더라는 것입니다. 그래서 음란 사이트에서 벗어나게 해달라고 서로를 위해 기도했다고 합니다.

어느 날 저녁, 부모님이 계시지 않아 청년 혼자 집을 지키고 있을 때였습니다. 청년은 전도사에게 전화를 했습니다.

"전도사님, 무서워요."

"무슨 일이니?"

"저… 지금 집에 혼자 있어요. 컴퓨터도 있고…, 유혹을 이길 자신이 없어요."

그래서 전도사는 조금만 기다리라고 말한 다음, 다른 청년들과 함께 그 청년의 집으로 갔습니다. 그렇게 청년의 집에 모여 예배드리고, Q.T를 나누고, 청년의 부모님이 오실 때까지 같이 있었다고 합니다.

청년은 그렇게 고백함으로써 음란 사이트의 유혹에서 이길 수 있었다고 간증했습니다. 도무지 이길 수 없었던 음란의 유혹을 고백함으로써 이긴 것입니다. 그날 죄에서 이기고 난 그는 다음에 또 혼자 집에 있게 되었을 때에 굳이 다른 사람들을 오라고 할 필요 없이 혼자서 죄의 유혹을 이길 수 있었다고 합니다.

진정한 회개는 예수님과의 관계 안에서 이루어집니다. 그런데 예수님과의 관계를 온전히 지켜 나가려면 주님은 때때로 우리의 죄를 다른 사람들에게 고백하게 하십니다.

우리는 어떤 사람이 자기 죄를 토해내는 것을 통해서 자기의 죄를 보게 됩니다. 자신만 아는 죄를 다른 사람에게 고백한다는 것은 정말 어려운 일입니다. 아무도 그렇게 하지 않으려고 합니다. 그런데 어떤 사람이 매장당할 각오를 하고 자기의 추하고 부끄러운 죄를 고백합니다. 그 순간 사람들은 충격을 받습니다. '도대체 누가 저런 부끄러운 죄를 고백할 수 있는가? 아, 주님이시구나. 주님은 다 알고 계시구나.' 그리고 자기 안에도 그와 같은 죄가 있다는 사실을 발견하고 회개하게 됩니다. 회개의 문이 열리는 것입니다.

우리나라는 선교 초창기에 영적 대각성을 경험하게 됩니다. 1903년에 원산에서 시작해서 1907년 평양에서 절정을 이룬 부흥운동이었습니다. 그런데 이 영적 대각성은 1903년 선교사였던 하디 목사(R. A. Hardie)의 회개로부터 시작되었습니다.

하디 목사는 당시의 다른 선교사들처럼 우월감을 가지고 선교를 했습니다. 우리 민족을 열등한 민족으로 생각했고, 그런 마음으로 사람들을 대했습니다. 사경회를 인도하는 중에 이러한 자신의 죄를 고백하게 되었습니다. 그 고백을 들은 성도들 역시 죄를 고백함으로써 영적 부흥을 경험하게 되었습니다.

기록에 의하면 단순히 남을 미워하거나 질투하거나, 남을 훼방하는 일에 대한 회개 이외에도 다른 사람의 물건을 훔치는 도적질이나, 살인, 강간과 같은 죄를 고백하며 회개하는 사람들의 수가 무수히 많았습니다. 이런 죄의 고백으로 인하여 일본 경찰은 범인을 잡으려고 교회로 찾아오기까지 했다는 기록도 있습니다.

Q. 야고보서 5:16을 읽고 초대교회 때는 왜 하나님이 능력이 많이 나타
났는지 그 이유는 찾아 쓰세요.

**죄를 서로 고백했기 때문에.**

사도 야고보는 초대교회에 하나님의 능력이 떠나가는 것을 안
타깝게 여기며 야고보서를 썼습니다. 그가 병이 낫도록 기도하기
전에 먼저 "죄를 서로 고백하라"고 말한 이유가 무엇이겠습니까?
그럴 때 비로소 하나님의 능력이 크게 역사하기 때문입니다. 오늘
날 교회에 하나님의 능력이 사라지는 것은 서로의 죄를 고백하고
회개하는 모습이 사라졌기 때문입니다.

교회 공동체에는 많은 복이 있지만 그중 하나가 서로의 죄를
고백하고 회개할 수 있도록 도울 수 있다는 것입니다. 서로의 죄
를 고백하고 회개함으로 주님과 더 깊은 관계로 나아갈 수 있도
록 서로를 붙들어 줄 수 있다는 것은 정말 놀라운 일입니다.

저희 교회에는 매주 화요일 새벽에 〈믿음으로 사는 남자들〉 모임
이 있습니다. 새벽에 모여 한 주간 살면서 깨달은 것들을 나누고
잘못한 것은 공개적으로 고백하는 시간을 갖습니다. 남자들이 모
여 "세상 술을 온전히 끊겠습니다. 직장에서 불의한 방법으로 계
약하지 않겠습니다. 술자리를 피하겠습니다. 집에서 화내고 짜
증내지 않겠습니다. 손해 보더라도 거짓말하지 않겠습니다. 작은
법도 꼭 지키겠습니다."라고 고백하는 것을 들으며 제 마음이 얼

마나 뜨거웠는지 모릅니다.

　물론 이 모임을 부담스러워 하는 분들도 있었습니다. 어떤 분은 회개밖에 할 것이 없어서 모임에 나가지 말까 하는 갈등을 겪었다고 했습니다. 그만큼 회개하기가 힘들었다는 것입니다. 그러나 저는 이것이 성도들에게 더욱 귀한 시간이라고 생각했습니다. 한 주일에 한 번이라도 공개적으로 회개할 기회를 가진 사람과 그렇지 못한 사람이 얼마나 다른지 모릅니다.


　감리교회의 창시자인 웨슬리 목사님도 소그룹 리더 모임에서 자신의 죄를 공개적으로 회개하게 했습니다. "지난 모임 이후 어떤 죄를 범하셨습니까?", "어떤 유혹을 받았습니까?", "어떻게 그 유혹에서 벗어났습니까?", "그것이 죄인지 아닌지 확실하지 않은 어떤 생각과 행동이 있었습니까?", "당신에게는 숨기기를 원하는 어떤 비밀도 없습니까?" 이와 같은 다섯 가지 질문으로 모일 때마다 회개하게 했습니다.

　웨슬리 목사님의 부흥운동이 왜 그렇게 강력했습니까? 바로 이 고백 공동체 때문이었습니다. 한 주일이 지나면 고백의 시간을 가지니 넘어졌다가도 다시 일어날 수 있었습니다. 이 공동체 때문에 죄가 사람들을 사로잡을 수 없었던 것입니다. 그래서 성령운동이 오랫동안 지속될 수 있었고 결국 감리교회가 탄생할 수 있었습니다.

　물론 죄를 고백하라고 해서 아무렇게나 자신의 죄를 고백하라는 것은 아닙니다. 죄를 고백하는 것에도 분별의 지혜가 필요합니다. 성령께서 감동을 주실 때, 자신에게 영적으로 도움을 줄 수 있는 사람에게 죄를 고백하는 것이 중요합니다. 그렇지 않으면 어려움을 겪을 수도 있습니다.

회개는 고통스러워 보이지만 사실은 우리가 사는 길입니다. 회개는 우리가 죄와 세상을 이기게 하는 가장 큰 무기입니다. 회개는 계속적으로 주님을 만나게 하고 죄를 이기게 하는 능력입니다. 이것을 알면 회개할 수 있고, 죄를 고백할 수 있습니다.

Q. 다음 질문에 대답해보세요.

1. 지난 모임 이후 어떤 죄를 범했습니까?

--------------------------------------

--------------------------------------

2. 어떤 유혹을 받았습니까?

--------------------------------------

--------------------------------------

3. 어떻게 그 유혹에서 벗어났습니까?

--------------------------------------

--------------------------------------

--------------------------------------

4. 그것이 죄인지 아닌지 확실하지 않은 어떤 생각과 행동이 있었습니까?

-----------------------------------------------------------

-----------------------------------------------------------

-----------------------------------------------------------

5. 당신에게는 숨기기를 원하는 어떤 비밀도 없습니까?

-----------------------------------------------------------

-----------------------------------------------------------

-----------------------------------------------------------

# 05

# 회개에도
# 기회가 있다

주의 약속은 어떤 이들이 더디다고 생각하는 것 같이
더딘 것이 아니라 오직 주께서는 너희를 대하여 오래 참으사
아무도 멸망하지 아니하고 다 회개하기에 이르기를 원하시느니라
베드로후서 3장 9절

**5과 핵심요약**

❶ 주님은 우리를 죄에서 건지
시려 성령을 통해 우리에게
회개를 도전하신다.

❷ 회개에도 기회가 있다.

❸ 회개의 기회를 놓치지 않을
때 축복의 길이 열린다.

❹ 회개의 기회를 붙잡을 때 은
혜와 사명을 회복할 수 있게
된다.

회개에도 기회가 있습니다. 그 기회를 놓치면 안 됩니다. 우리는 요나를 통해 회개의 기회를 놓치지 않는 것이 얼마나 중요한지를 깨닫습니다.

요나는 앗수르의 수도 니느웨로 가서 "회개하라!"는 하나님 말씀을 선포하라는 명령을 받았습니다. 하지만 요나는 이스라엘을 괴롭게 하는 앗수르가 망하기를 바랐습니다. 그래서 니느웨로 가야 했지만 다시스로 가는 배를 탔습니다. 하나님께서는 풍랑을 일으키셨고 풍랑의 원인이 요나 때문임을 알게 되었습니다. 그래서 선원들이 요나를 바다에 던졌습니다. 하나님은 커다란 물고기를 보내어 요나를 삼키게 하셨습니다.

물고기 뱃속에서 요나 선지자는 회개의 기회를 포착했습니다. 그는 용서를 받고 니느웨로 가서 하나님의 회개의 메시지를 선포

했습니다. 그 결과 앗수르의 왕부터 모든 백성이 회개하게 되었고, 하나님은 그들을 심판에서 건지셨습니다.

주님은 우리가 죄의 종이 되기를 원하지 않습니다. 주님은 우리를 죄에서 건지시기를 원합니다. 주님은 성령을 통하여 우리가 회개하도록 역사하십니다. 이때 성령의 감동에 순종해야 합니다. 이 은혜를 거부하고 죄를 회개하지 않으면 죄의 종으로 전락할 수밖에 없습니다.

윌리엄 블레이어(William Blair) 선교사가 쓴《속히 예수 믿으시기 바라나이다》라는 책에 이런 내용이 있습니다.

한국에 대부흥이 일어날 때 회개의 역사가 일어났지만 여전히 회개하지 않은 이들이 있었다고 합니다. 마음속에는 죄책감이 역사하고 있었지만 입을 열지 않은 사람들이 있었습니다. 그런데 결국 그 사람들은 무서운 타락자가 되고 악한 삶을 사는 사람들로 전락해 버리고 말았습니다. 회개하지 않았기 때문입니다.

사도 베드로는 하나님께서 최후 심판을 미루시는 까닭을 이렇게 말했습니다.

사랑하는 자들아 주께는 하루가 천 년 같고 천 년이 하루 같다는
이 한 가지를 잊지 말라 주의 약속은 어떤 이들이 더디다고
생각하는 것 같이 더딘 것이 아니라 오직 주께서는 너희를 대하여
오래 참으사 아무도 멸망하지 아니하고 다 회개하기에 이르기를

하나님께서 심판을 미루시는 까닭은 회개의 기회를 주시기 위함입니다. 이 세상과 영원한 지옥 사이에 결정적인 한 가지 차이점이 있습니다. 이 세상에서는 회개할 기회가 있는데, 영원한 지옥에는 회개할 기회가 전혀 없다는 점입니다. 회개는 예수님을 만나는 문이 열리는 것입니다. 회개와 후회와 마음의 고통은 다릅니다. 회개는 예수님을 바라보고 하는 것입니다. 그러나 후회와 마음의 고통은 대상이 없습니다. 가룟 유다는 자신의 죄를 깨달았고 후회했지만 회개하지는 않았습니다. 그는 결국 자살하고 말았습니다.

회개의 기회를 놓치지 않고 붙잡을 때 복의 통로가 열립니다. 회개함으로 요나가 다시 선지자로서 온전한 삶을 살 수 있었던 것처럼, 회개의 기회를 놓치지 않을 때 은혜와 사명을 우리는 회복할 수 있게 됩니다.

다음 질문은 하나님과 당신의 비밀스러운 대화를 위한 것입니다. 다음 각 항목을 읽고 묵상할 때, 성령께서 깨닫게 하신 죄가 있으면 정직하게 'O'표 하십시오.

1. 매일 주님과 교제에 대하여(개인기도, Q.T, 찬양감사)

   1) 하나님이 살아계심을 믿지 못하고 그 이름을 함부로 말하고 무시했던 일

   (   　)

   2) 하나님을 의심하고 교만하여 자기 계획대로 고집하고 살았던 일 (   　)

   3) 예수 믿기 전에 성도를 욕하고 무시하고 핍박했던 일 (   　)

   4) 하나님의 은총에 대하여 감사하지 못하고, 불평하고 원망했던 일 (   　)

   5) 날마다 찬양과 기도와 말씀을 읽는 시간을 가지지 못한 일 (   　)

   6) 먼저 하나님께 충분히 기도하고 응답받지 않은 채 어떤 일을 한 것 (   　)


2. 주의 몸 된 교회를 섬기는 일에 대하여(교회 각 부서 봉사와 충성)

   1) 하나님의 사명을 받았으나 십자가 지기를 외면하거나 거부했던 일 (   　)

   2) 하나님과 교회에서 맡은 일에 대하여 적당히 하거나 불성실했던 일 (   　)

   3) 교회 내에 시험을 일으켜 주의 종과 교회를 곤란에 빠뜨렸던 일 (   　)

   4) 교회의 중요한 일에 대하여 소극적이었거나 관심 갖지 않았던 일 (   　)

   5) 여러 가지 핑계를 내세워 교회 집회에 참석하지 않은 일 (   　)

   6) 주의 일에 헌신한 사명자를 무시하고 연단 받을 때 조롱했던 일 (   　)

   7) 몇몇 친한 사람만 교제하여 교회 안에서 당을 만든 일 (   　)


3. 가정과 가족에 대한 의무에 대하여(배우자, 부모, 자녀, 친척과의 관계)

   1) 남편에게 순종하지 못하고, 아내를 사랑하지 못한 일 (   　)

   2) 부모에 대하여 무관심하고 마음을 기쁘시게 해 드리지 못한 일 (   　)

   3) 배우자의 가족에게 잘하지 못한 일 (   　)

   4) 말씀과 기도로 자녀를 양육하지 않고 믿음의 본을 보이지 못한 일 (   　)

5) 자녀들에게 무정하게 대하거나 마음에 상처를 준 일 (　　)

6) 고의로 낙태함으로 살인죄를 범한 일 (　　)


4. 사람들과 관계에 대하여(원수 맺음, 다툼, 시기, 미움, 분노, 싫어함, 무정함)

   1) 예수님이 나를 위해 십자가에서 죽으셨음에도 남을 용서하지 못한 일
   (　　)

   2) 내 죄는 보지 못하고 남의 죄만 크게 보고 비판하며 판단한 일 (　　)

   3) 자신을 위해 기도하고 바른 말씀으로 권면하는 사람을 비판한 일 (　　)

   4) 기도 대상(목사, 영적 지도자, 가족 등)을 위하여 기도하지 못한 일 (　　)

   5) 가난하고 약한 사람을 무정하게 대하거나 도움 요청을 외면한 일 (　　)

   6) 어려움을 당한 자를 진심으로 돌아보거나 위로하지 않은 일 (　　)

   7) 사람들 앞에서 자기 자랑을 늘어놓아 그들의 마음에 상처를 준 일 (　　)

   8) 시기, 질투, 혈기를 내어 다른 사람들의 마음을 상하게 한 일 (　　)

   9) 불평불만을 하고 다른 사람의 약점을 들추어내어 쓴 뿌리 역할을 한 일
   (　　)

   10) 거짓말하거나 과장하거나 꾸며서 말한 일 (　　)

   11) 용서했다고 생각했지만 여전히 용서하지 못한 일 (　　)


5. 세상과 물질에 대한 태도에 대하여(염려, 교만, 욕심, 사치, 헌금)

   1) 주일에 돈 벌러 가거나, 놀러가거나 세상일을 한 일 (　　)

   2) 십일조, 감사헌금을 드리지 못한 것과 인색한 마음으로 헌금했던 일
   (　　)

3) 돈을 하나님보다 더 귀히 여기고 사랑했던 죄 (    )

4) 세상 명예나 사람들의 칭찬을 하나님보다 더 사랑한 일 (    )

5) 하나님의 일보다 나 자신의 일을 먼저 생각하고 행동했던 일 (    )

6) 하나님보다 내 자식, 내 친족, 내 가족을 귀중히 여겼던 일 (    )

7) 공금을 유용했거나, 도적질했거나 남에게 손해를 끼친 일 (    )

8) 남의 돈이나 물건들을 돌려주지 않거나, 마음대로 사용한 일 (    )

9) 남의 것에 대하여 욕심을 가지거나 탐했던 일 (    )


6. 은밀한 죄, 감추어진 죄에 대하여(당신과 하나님만 아는 죄)

1) 양심에 꺼리는 모든 음란한 말이나 행동, 순결을 지키지 못한 일 (    )

2) 남편이나 아내를 속이고 살았던 모든 행각이나 행동 (    )

3) 술, 담배, 유흥, 도박 등, 세상 재미를 일삼았던 일 (    )

4) 우상에게 절하거나 점치고 사주보고 부적을 붙이는 등 우상숭배한 일

    (    )


7. 복음 전하는 일에 대하여(기회는 주어졌으나 증거 하지 못한 일)

1) 전도할 기회는 있었으면서도 전도하지 않은 일 (    )

2) 이웃과 직장 동료를 향한 빛과 소금의 역할을 다하지 못한 일 (    )

3) 나라와 통일을 위하여 기도하지 못한 일 (    )


8. 기타 성령께서 생각나게 하시는 일들을 써보세요.

-------------------------------------------------------------------

-------------------------------------------------------------------

Q. 위의 항목을 점검한 결과를 통해 느끼고 깨달은 것을 써보세요.

---

---

---

---

Q. 다음의 기도문을 읽으면서 기도하십시오.

사랑의 하나님,

저에게 이처럼 많은 죄가 있었음을 깨닫고 회개합니다.

제가 분명히 이상과 같은 죄를 지었음을 솔직히 고백합니다.

이 죄들은 마땅히 죗값을 치러야 할 것들임을 인정합니다.

이 시간 애통하는 마음으로 오직 죄를 사하시는 은총의

하나님을 바라봅니다.

우리의 죄를 사하시기 위하여 흘려주신 예수님의

십자가 보혈과 우리를 모든 죄에서 깨끗하게 하시겠다는

약속의 말씀을 의지합니다.

이제 진실한 마음으로 저의 죄를 고백하며

이 모든 죄에서 떠나기를 소원하오니 예수님의 십자가 보혈로

모든 죄에서 깨끗하게 하여 주옵소서.

예수님의 이름으로 기도합니다. 아멘.

# 소그룹
# 나눔 | 인도자용

**마음열기**
**(7분)**

- 찬양 : 죄에서 자유를 얻게 함은(268장), 정결한 마음 주시옵소서

- 기도 : 미리 정해진 순서에 따라 기도

**과제점검**
**(3분)**

- 출석체크, 예습, Q.T여부, 기도생활

- 성경암송 점검 : 요한일서 1:9

  만일 우리가 우리 죄를 자백하면 그는 미쁘시고 의로우사

  우리 죄를 사하시며 우리를 모든 불의에서 깨끗하게 하실 것이요

**도입질문 및**
**각 과별 진행**
**(100분)**

Q. 자신의 잘못을 고백한 적이 있습니까?

   그때 감정을 나누어주세요.

# 01
# 정죄와
# 징계

**Q. 여러분이 죄 때문에 누리지 못한 하나님의 은혜는 무엇입니까? 그것이 회복되었습니까?**

구원받는 그리스도인은 날마다 회개를 통해 죄와 싸워야 하고, 예수님의 보혈을 의지하여 승리를 선포해야 함을 강조하십시오.

---

---

---

---

---

---

---

---

---

---

---

---

---

**핵심 요약** 죄를 지으면 불신자는 정죄를 받지만 그리스도인들은 징계를 받습니다. 징계를 통해 죄를 깨닫게 하시고 회개하게 됩니다. 회개를 통해 그동안 하나님께서 주시고자 했지만 주지 못한 은혜와 복을 누리게 됩니다. 그래서 징계는 복입니다.

# 02
# 죄를 이기는
# 능력

● 반원들에게 아직도 해결
되지 않은 채 숨겨져 있는 죄
가 있는지 솔직하게 나누도
록 인도하십시오. 인도자 자
신의 경험을 먼저 고백하는
것도 좋은 방법입니다.

Q. 여러분은 죄를 짓고도 회개하지 않고 넘어갔던 일이 있었습니까? 만약
　있다면 그 이유는 무엇입니까?

-------------------------------------------------------

-------------------------------------------------------

-------------------------------------------------------

-------------------------------------------------------

-------------------------------------------------------

-------------------------------------------------------

-------------------------------------------------------

-------------------------------------------------------

-------------------------------------------------------

-------------------------------------------------------

**핵심
요약**　노력해서는 죄를 이길 수 없고 회개를 통해서 이길 수 있습니다. 진정한 회개는
예수님과의 관계 안에서 이루어집니다. 진정한 회개는 예수님을 바라보는 것입
니다. 예수님이 나와 함께하시는 것을 분명히 아는 사람은 계속해서 회개의 삶
을 살게 됩니다. 그래서 회개는 결국 우리로 하여금 죄를 이기게 합니다.

# 03
## 하나님의
## 완전한 용서

Q. 여러분의 회개는 죄를 이기는 능력입니까? 그렇지 못하다면 문제가 무엇
  이라고 생각합니까?

● 회개는 고통이 아니라 예수님을 만나는 것이기 때문에 기쁨이라는 것을 설명하고, 진정으로 회개할 때 용서받은 감격과 평안을 누릴 수 있음을 강조해주십시오.

---

**핵심 요약** 하나님은 우리가 회개하면 몇 번이고 용서해 주신다고 약속하셨습니다. 이 약속이 죄를 이길 힘입니다. 회개는 고통스러운 것이 아니라 기쁨입니다. 회개를 통해 예수님을 만나기 때문입니다. 그래서 늘 주님을 바라봐야 합니다. 그러면 죄의 유혹을 이기고 경건하게 살 수 있습니다.

---

# 04
# 회개와
# 죄의 고백

우리에게 정말 죄의 문제를 해결하고자 하는 마음이 있느냐 하는 것이 중요합니다. 정말 죄의 문제를 해결하기를 원한다면 죄를 서로 고백해야 한다는 점을 강조해 설명할 필요가 있습니다.

Q. 다음 질문에 답을 써보세요.

1. 지난 모임 이후 어떤 죄를 범했습니까?

--------------------------------------------------

--------------------------------------------------

--------------------------------------------------

2. 어떤 유혹을 받았습니까?

--------------------------------------------------

--------------------------------------------------

--------------------------------------------------

3. 어떻게 그 유혹에서 벗어났습니까?

--------------------------------------------------

--------------------------------------------------

--------------------------------------------------

--------------------------------------------------

4. 그것이 죄인지 아닌지 확실하지 않은 어떤 생각과 행동이 있었습니까?

-------------------------------------------

-------------------------------------------

-------------------------------------------

-------------------------------------------

-------------------------------------------

5. 여러분에게는 숨기기를 원하는 어떤 비밀도 없습니까?

-------------------------------------------

-------------------------------------------

-------------------------------------------

-------------------------------------------

-------------------------------------------

-------------------------------------------

핵심
요약

주님 앞에 죄를 고백했다면 다른 사람 앞에서 죄를 고백하는 것이 더 이상 문제
가 되지 않습니다. 그 죄의 고백이 은밀한 죄를 이기게 합니다. 또한 공동체 안
에서 서로 죄를 고백하고 회개함으로 주님과 더 깊은 관계로 나아갈 수 있도록
서로 돕게 됩니다.

# 05
# 회개에도
# 기회가 있다

● 학생용 교재 153-155쪽에 나와 있는 항목들을 점검한 결과에 대해 나누게 하십시오. 반원들은 죄인 줄도 모르고 지었던 죄, 회개하지 않고 무심코 지나친 죄들이 얼마나 많은지 보게 될 것입니다.
나눔이 끝나면 기도문을 반원들과 함께 읽으며 기도하십시오.

**Q. 점검 항목을 점검한 결과를 통해 느끼고 깨달은 것을 써보세요.**

--------------------------------

--------------------------------

--------------------------------

--------------------------------

사랑의 하나님,

저에게 이처럼 많은 죄가 있었음을 깨닫고 회개합니다.

제가 분명히 이상과 같은 죄를 지었음을 솔직히 고백합니다.

이 죄들은 마땅히 죗값을 치러야 할 것들임을 인정합니다.

이 시간 애통하는 마음으로 오직 죄를 사하시는

은총의 하나님을 바라봅니다. 우리의 죄를 사하시기 위하여

흘려주신 예수 십자가 보혈과 우리를 모든 죄에서

깨끗하게 하시겠다는 약속의 말씀을 의지합니다.

이제 진실한 마음으로 저의 죄를 고백하며

이 모든 죄에서 떠나기를 소원하오니

예수님의 십자가 보혈로 모든 죄에서 깨끗하게 하여 주옵소서.

예수님의 이름으로 기도합니다. 아멘

---

**핵심 요약** 회개에도 기회가 있습니다. 하나님께서 심판을 미루시는 까닭은 회개의 기회를 주시기 위함입니다. 그 기회를 놓치지 않고 붙잡을 때 복의 길이 열립니다.

**마무리**
**(10분)**

1. 함께 기도하기

   • 개인 기도제목을 나눕니다.

   • 인도자가 단원 주제에 맞는 기도제목을 제시하고

     개인 기도제목과 함께 기도합니다.

   • 인도자가 마무리 기도하고 주기도문으로 마칩니다.

2. 광고 및 과제

   • 다음 모임에 대한 안내와 다음 주 공부할 단원을 짧게 소개합니다.

   • 성경암송 과제는 갈라디아서 2:20 입니다.

   • 4단원 3과에 〈나의 복음〉을 쓰는 과제가 있습니다.

     1쪽 분량으로 써오도록 안내합니다.

# 4

# 나는 죽고
# 예수로 사는 사람

내가 그리스도와 함께 십자가에 못 박혔나니
그런즉 이제는 내가 사는 것이 아니요
오직 내 안에 그리스도께서 사시는 것이라
이제 내가 육체 가운데 사는 것은
나를 사랑하사 나를 위하여 자기 자신을 버리신
하나님의 아들을 믿는 믿음 안에서 사는 것이라

갈라디아서 2:20

4단원 핵심영상강의
youtu.be/REyfZwc8eqA

# 01

# 그리스도인이 실패하는 이유

내가 그리스도와 함께 십자가에 못 박혔나니 그런즉
이제는 내가 사는 것이 아니요 오직 내 안에 그리스도께서 사시는 것이라
이제 내가 육체 가운데 사는 것은 나를 사랑하사 나를 위하여
자기 자신을 버리신 하나님의 아들을 믿는 믿음 안에서 사는 것이라

갈라디아서 2장 20절

## 1과 핵심요약

❶ 예수님께서 정말 우리 삶의 주인이 되셔야 성도의 삶을 살게 된다.

❷ 예수님이 우리 삶의 주인 되심을 가로막는 것은 바로 우리의 자아이다.

❸ 우리의 자아는 죄의 종노릇 하는 옛사람이다.

❹ 옛사람인 우리 자아가 죽고 새 생명으로 다시 살게 하시려는 것이 예수님의 십자가이다.

❺ 이 복음을 알면 자아의 죽음이 기쁨이 된다.

## 요한복음 2:1-5

1 사흘째 되던 날 갈릴리 가나에 혼례가 있어 예수의 어머니도 거기 계시고 2 예수와 그 제

예수님께서는 모든 그리스도인과 함께 계십니다. 그런데 "왜 주님은 내 안에 계시기만 하고 역사는 안 해주실까?"라는 의문이 생깁니다. 우리가 이 문제에 대해 분명히 알아야 합니다. 예수님께서 우리 안에서 역사하지 않으시는 것이 아니라 사실은 역사하지 못하시는 것이라는 사실입니다.

예수님께서 우리 안에 계시면서도 역사하지 못하시는 이유는 우리가 예수님을 손님으로 여기고 있기 때문입니다.

Q. 요한복음 2:1-5을 읽고 예수님께서 어디에 계셨으며, 거기서 무슨 일이 일어났는지 써보세요.

갈릴리 가나, 혼인잔치에 포도주가 떨어짐.

예수님은 가나의 혼인잔칫집에 계셨지만 아무것도 하지 않으셨습니다. 포도주가 떨어졌는데 예수님은 "나와 무슨 상관이 있나이까?"라고 말씀하셨습니다. 주님께서 우리에게 이 말씀을 하신다면 얼마나 섭섭했겠습니까? 안타깝게도 이것이 우리의 현실일 때가 많습니다.

예수님께서도 우리에게 무엇이 필요하고 또 무엇이 어려운지 알고 계십니다. 그런데 우리 안에 계시면서도 아무것도 못하고 계십니다. 우리가 예수님을 손님으로만 여기고 있기 때문입니다.

우리는 예수님을 주님이라고 고백합니다. 문제는 예수님께서 정말 우리 삶의 주인이신가 하는 것입니다. 많은 그리스도인이 예수님을 주님이라고 고백하면서도 실제로는 자기 마음대로 삽니다. 일상생활은 물론이고, 성경 읽고, 기도하고, 전도하고, 봉사하는 이 모든 일에서 한 번도 주님이 주인 되신 적이 없습니다. 그렇기 때문에 우리 안에 계신 예수님께서 역사하고 싶으셔도 못하시는 것입니다.

예수님께서 진정으로 우리의 주님이 되셔야 역사가 일어납니다. 가나의 혼인잔칫집에서 물이 포도주로 바뀌는 기적은 예수님께서 주님이 되실 때 일어났습니다.

미국 교회를 탐방하러 갔던 길에 그레이스 커뮤니티 처치의 존 맥아더 목사(John MacArthur)를 만나 이렇게 질문한 적이 있습니다.

"지금까지 목회하시면서 성공한 것은 무엇이며 실패했다고 생

자들도 혼례에 청함을 받았더니 3포도주가 떨어진지라 예수의 어머니가 예수에게 이르되 저들에게 포도주가 없다 하니 4예수께서 이르시되 여자여 나와 무슨 상관이 있나이까 내 때가 아직 이르지 아니하였나이다 5그의 어머니가 하인들에게 이르되 너희에게 무슨 말씀을 하시든지 그대로 하라 하니라

각하는 것은 무엇입니까?"

그때 그는 조금도 망설이지 않고 즉시 대답했습니다.

"내가 한 것은 다 실패였고, 예수님께서 하신 것은 다 성공이었습니다."

왜 예수님이 우리의 삶에 주님이 되시지 못합니까? 바로 우리의 자아 때문입니다. 우리의 자아가 예수님의 주님 되심을 가로막는 것입니다.

사도 바울은 "내가 그리스도와 함께 십자가에 못 박혔나니 그런즉 이제는 내가 사는 것이 아니요 오직 내 안에 그리스도께서 사시는 것이라"(갈 2:20)고 고백했습니다. 이것이 하나님의 은혜요, 십자가 복음의 영광입니다. 우리가 이렇게 고백할 수 있다는 것은 정말 놀라운 일입니다.

하지만 많은 사람이 "내가 사는 것이 아니다.", "나는 죽었다."고 고백하기를 두려워합니다. 죽는 것을 비참하게 생각하고 "예수를 믿으려면 꼭 죽어야 하나?"라고 생각합니다. 우리가 이렇게 반응하는 이유는 아직도 자아의 실상을 모르기 때문입니다. 자아의 실상을 알고 나면 내가 죽는 것이 복음이라는 사실을 알게 됩니다.

사도 바울이 "내가 그리스도와 함께 십자가에 못 박혔나니"라고 고백한 이유는 바울 자신이 얼마나 죄에 오염되어 있는지 깨달았기 때문입니다. 우리는 죄가 자신과는 별개인 것처럼 생각합니다. 나는 선한데 연약해서 죄를 짓는다고 생각하는 것입니다.

그러나 우리 자신과 죄는 별개가 아닙니다. 우리의 자아 그 자체가 죄 덩어리입니다. 우리의 의지, 감정, 지식을 포함한 모든 영역이 죄에 오염되어 있습니다. 이것이 우리 자아의 실상입니다.

그리스도인이라면 누구나 신앙생활을 하는 동안 나름대로 경건하게 살기 위해 노력해 보았을 것입니다. 성질, 나쁜 습관, 두려움, 염려, 분노, 혈기, 시기, 질투, 음란한 마음 같은 것들을 이겨내려고 애썼을 것입니다. 그러나 우리의 경험은 실패와 좌절의 연속입니다. 아무리 노력해도 "도무지 안 됩니다."라는 것이 우리의 정직한 고백입니다. 이런 고백이 우리에게는 절망스럽지만 하나님은 이 고백을 기뻐하십니다. 자기 자신에 대해 절망할 때 비로소 "나는 죽었습니다."라는 십자가의 진리를 받아들일 수 있는 준비가 된 것이기 때문입니다.

마태복음 13장에 가라지 비유가 나옵니다. 곡식이 있고 가라지가 있습니다. 그런데 가라지를 심어놓고 김을 잘 매주고 비료를 열심히 주면 가라지가 어느 순간 곡식이 될까요? 그런 일은 일어나지 않습니다. 이 비유의 핵심은 곡식이 되어야 한다는 것입니다.

저는 열심히 새벽기도 하고 매일 Q.T 하면 죄가 조금씩 사라지고 예수님의 사람으로 변화될 줄 알았습니다. 그러나 사람의 본성은 달라지지 않는다는 것이 결론이었습니다. 아무리 애쓰고 노력해도, 10년 지나고, 30년의 세월이 지나도 사람의 본성은 변화되지 않는다는 것입니다.

하나님의 방법은 고치는 것이 아니라 바꾸는 것입니다. 예수님의 십자가는 우리를 단순히 용서하실 뿐 아니라 우리가 죽고 다시 살게 하시려는 것, 곧 거듭나게 하시는 것입니다.

우리가 알거니와 우리의 옛사람이 예수와 함께 십자가에
못 박힌 것은 죄의 몸이 죽어 다시는 우리가 죄에게 종 노릇 하지
아니하려 함이라 롬 6:6

우리의 옛사람은 이미 예수님께서 십자가에 달려 죽으실 때 예수님과 함께 십자가에 못 박혔습니다. 이것이 하나님의 방법입니다. 우리의 자아로는 결국 아무것도 할 수 없으니 예수님과 함께 십자가에 못 박혀 죽고 다시 살게 하신 것입니다. 아무리 노력해도 변화되지 않는 가라지를 알곡으로 만들어주신 것이 바로 예수님의 십자가 복음입니다. 이 복음을 알면 자아의 죽음이 기쁨이 됩니다.

사도 바울은 선언했습니다.

"이제는 내가 사는 것이 아니요." 이것은 결코 우울한 고백이 아니었습니다. 사도 바울에게 이 고백은 기쁨의 환호성이었습니다. 죽은 것이 그렇게 좋았을까요? 대답은 "예"입니다. 왜냐하면 자신에 대한 절망이 너무나도 컸기 때문입니다.

사도 바울은 자신의 죽음 안에서 소망과 진정한 삶의 길을 발견했습니다. 실제로 "이제는 내가 사는 것이 아니라."고 고백했던 사도 바울은 거룩하고 능력 있는 삶을 살았습니다.

한국 교회 초기에 유명한 김익두 목사가 있었습니다. 그는 청년 시절 유명한 깡패였습니다. 시장의 상인들 중에는 오늘은 제발 김익두를 만나지 않게 해달라고 물을 떠놓고 비는 사람도 있었다고 합니다. 그는 이 정도로 많은 사람에게 고통과 불안을 안겨주던 사람입니다.

그런데 그 깡패 청년 김익두가 예수님을 믿게 되었습니다. 그는 예수를 믿고 회개한 다음에 "김익두는 죽었다."라는 내용의 부고장을 돌렸습니다. 깡패 김익두가 죽었다는 소식을 듣고 사람들은 굉장히 좋아했다고 합니다.

어느 날 죽었다는 김익두가 시커먼 책 하나를 들고 버젓이 시장에 나타났습니다. 사람들은 깜짝 놀랐습니다. 알고 보니 김익두가 예수를 믿고 목사가 되었다는 것입니다.

한 사람이 김익두 목사님을 시험하려고 길을 지나갈 때 물통에 있는 물을 뒤집어 씌웠습니다. 그러나 김익두 목사는 물을 툭툭 털고 쳐다보더니 "예수는 내가 믿고 복은 네가 받았구나!"라고 말했다고 합니다. 진정한 변화가 일어난 것입니다.


우리가 이렇게 살 수 있다면 얼마나 행복하겠습니까? 시험거리가 생길 수 없습니다. 해결되지 않을 문제가 없습니다. 이것이 예수님 안에서 우리가 누리는 복이고 능력입니다.

Q. 당신의 삶에서 마주하는 많은 문제의 원인이 무엇인지 깨달았습니까?

# 02

**4단원**

# 살아 있는 자아,
# 죽지 않은 그리스도인

그리스도 예수의 사람들은 육체와 함께
그 정욕과 탐심을 십자가에 못 박았느니라

갈라디아서 5장 24절

**2과 핵심요약**

❶ 살아 있는 자아로 인해 문제
들이 생긴다.

❷ 죽지 않은 자아의 전형은 자
신이 옳다고 생각하는 것이
다.

❸ 그리스도인들에게는 자기
소견에 옳은 대로 사는 것은
죄이다.

❹ "나는 이제 죽었습니다!" 이
고백이 분명한 사람만 예수
님을 따를 수 있다.

**마태복음 16:24-25**

24 이에 예수께서 제자들에게
이르시되 누구든지 나를 따라
오려거든 자기를 부인하고 자
기 십자가를 지고 나를 따를 것
이니라 25 누구든지 제 목숨을

예수님의 제자는 예수님을 따르는 사람을 말합니다. 그렇다면 우리는 어떻게 예수님을 따르는 제자의 삶을 살 수 있을까요? 성경 공부하고 기도 많이 하고, 어려운 사람 구제하면 예수님을 따른다고 말할 수 있을까요? 그렇지 않습니다. 예수님의 제자가 되는 길은 따로 있습니다.

Q. 마태복음 16:24-25에서 예수님을 따르려면 어떻게 해야 한다고 말씀합니까?

자기를 부인하고 자기 십자가를 져야 한다.

예수님께서는 자기를 따라오려는 사람들에게 자기를 부인하고 십자가를 져야 한다고 말씀하셨습니다. 이 말씀은 곧 우리가 제자인가 아닌가 하는 기준이 "자기를 부인하고 자기 십자가를 졌느냐."에 있다는 것입니다.

자기를 부인하고 자기 십자가를 지라는 것은 예수님이 십자가에서 죽으신 것처럼 우리 자신도 죽었다는 사실을 분명히 알라는 말씀입니다. "나는 이제 죽었습니다!"라는 고백이 분명한 사람이 예수님을 따를 수 있습니다. 자기 죽음이 분명하지 않으면 결코 주님이 가신 길을 따라갈 수 없습니다.

목회를 하면서 늘 안타까운 것 중에 하나는 어느 교회든지 문제를 일으키는 사람들은 거의 예외 없이 열심 있는 교인들이라는 사실입니다. 그들은 대체로 여러 해 동안 교회를 위해 자신의 시간과 물질, 재능을 바친 사람들입니다.

문제는 그들 때문에 교회 안에 온갖 시험거리도 생긴다는 것입니다. 왜 열심 있는 교인이 시험을 일으킵니까? 그것은 자아의 문제가 해결되지 않았기 때문입니다.

한번은 여선교회 안에 시험거리가 생겼다고 해서 그 상황을 살펴보았습니다. 시험의 발단은 주일 점심식사 준비 때문이었습니다. 누구는 배추김치를 담그자고 했고, 누구는 깍두기를 담그자고 했다는 것입니다. 아무것도 아닌 일이 교회 안에 시험이 되는 것이 현실입니다. 이것이 바로 자아가 일으키는 문제입니다.

구원하고자 하면 잃을 것이요 누구든지 나를 위하여 제 목숨을 잃으면 찾으리라

Q. 당신은 죽으라는 주님의 명령을 들어본 적이 있습니까?

---

---

---

　제가 은혜의 눈을 떴을 때 하나님께서는 저에게 "죽으라!"고 하셨습니다.

　"죽으라!" 이것이 제가 가진 모든 문제 해결의 열쇠였습니다.

　많은 성도가 상처받았다고 말합니다. 그러나 다르게 생각하면 상처받기 쉬운 자아를 붙잡고 살았다는 말과 같습니다. 살기 힘들다고 말하는 사람도 많습니다. 그것 역시 자신의 힘에 의지해서 살았다는 말과 같습니다. 자기만 믿고 사는 사람은 불행한 사람입니다. 자기밖에는 자신을 책임질 사람이 없기 때문입니다.

　우리의 삶이 힘들고 불행한 것은 환경이나 사람 때문이 아닙니다. 우리의 삶이 힘들고 불행한 것은 자아가 죽지 않았기 때문입니다. 자아가 죽지 않으니 환경이나 사람이 힘들게 느껴지는 것입니다.

　어느 선교사가 이런 말을 했습니다.

　"회교권 선교, 공산권 선교가 어렵다고 말하지만 선교사가 살려고 하니 어려운 것입니다. 만일 그 나라에 들어가서 죽으려고 한다면 문은 얼마든지 열려 있습니다."

우리가 예수님을 모시고 사는 것이 얼마나 놀라운 일입니까? 우리의 자아가 죽어야 우리 안에 계신 예수님께서 역사하실 수 있습니다. 우리의 자아가 죽으면 누구보다도 우리 가족들이 그 복을 누리게 됩니다. 내 남편, 내 아내, 내 부모와 자녀가 우리 안에 계신 예수님의 역사를 경험하고 예수님을 만납니다. 교회에서도 우리의 자아가 죽을 때, 예수님께서 진정한 교회의 주인으로 역사하실 수 있습니다. 학교나 직장에서도 마찬가지입니다.

죽지 않은 자아의 전형적인 문제는 자신이 옳다고 생각하는 것입니다. 이것은 우리 안에 계신 예수님의 역사를 경험하지 못하게 하는 가장 큰 장애물입니다.

하나님께서 사사시대에 이스라엘 백성들의 문제를 이렇게 진단하셨습니다.

> 그 때에 이스라엘에 왕이 없으므로 사람이
> 각기 자기의 소견에 옳은 대로 행하였더라 삿 21:25

세상 사람들의 눈으로 볼 때 자기 소견에 옳은 대로 사는 것은 잘못이 아닙니다. 그러나 성경의 기준은 다릅니다. 그리스도인이 자기 소견에 옳은 대로 사는 것은 죄입니다. "육신의 생각은 하나님과 원수가 되나니"(롬 8:7)라는 말씀처럼 우리 생각과 소견은 하나님의 뜻을 거스르기 때문입니다.

우리의 삶에서 일어나는 대부분의 문제는 내 생각에 옳은 대로 살기 때문입니다. 이것은 정말 고치기가 어렵습니다. 차라리 내가 생각해도 틀린 것이면 쉽게 고칠 수 있습니다. 그러나 내 생각에 옳게 보이기 때문에 고치기가 어려운 것입니다.

부부가 싸우는 이유가 무엇입니까? 자신이 잘못했다고 하면서 싸우는 부부는 없습니다. 남편의 이야기를 들어보면 아내가 잘못한 것이고, 아내의 이야기를 들어보면 남편이 잘못한 것입니다. 각자의 이야기를 들어보면 아무도 잘못한 사람이 없습니다. 자신의 생각을 옳다고 여기는 자아가 결국은 싸움을 부추기는 것입니다.

교회 안에서 갈등과 싸움이 생기는 것도 마찬가지입니다. 누구도 교회가 잘못되라고 싸우는 사람은 없습니다. 문제는 자기들이 생각하는 대로 해야만 교회가 잘된다고 고집하기 때문입니다. 이렇게 자기가 옳다고 고집하는 사람은 하나님도 못 말립니다.

자기 소견에 옳은 대로 행하는 사람은 자아 충만한 사람입니다. 이런 사람이 얼마나 심각한 문제인지를 잘 보여주는 말씀이 있습니다.

차라리 새끼 빼앗긴 암곰을 만날지언정
미련한 일을 행하는 미련한 자를 만나지 말 것이니라 잠 17:12

새끼를 빼앗긴 암곰이 얼마나 무섭습니까? 그런데 차라리 새끼를 빼앗긴 암곰을 만날지언정 미련한 자를 만나지 말라고 말씀하셨습니다. 새끼를 빼앗긴 암곰보다 무서운 것이 바로 미련한 사람입니다.

네가 스스로 지혜롭게 여기는 자를 보느냐

그보다 미련한 자에게 오히려 희망이 있느니라 잠 26:12

그런데 미련한 사람보다 더 무서운 사람은 스스로 지혜롭게 여기는 사람이라고 잠언은 말씀합니다.

예수님 안에서의 죽음을 정확히 이해하지 못하는 그리스도인이 많습니다. 세상 사람들에게 자신의 죽음은 곧 모든 것의 종말을 의미합니다. 그러나 그리스도인들에게 죽음은 곧 새 생명의 삶, 능력 있는 삶의 시작을 의미합니다. 그때 비로소 내 안에 계신 예수님께서 나를 통하여 역사하실 수 있게 되기 때문입니다.

돈이 하나도 없었지만 오직 기도와 그 응답으로 2,000명의 고아를 먹여 살렸고 1만 개의 고아원을 도왔던 조지 뮬러(George Muller) 목사에게 사람들이 물었습니다.

"어떻게 그렇게 능력 있는 삶을 살 수 있었습니까?"

그때 뮬러 목사는 이렇게 대답했습니다.

"능력이라니요? 제게는 죽음만이 있었을 뿐입니다. 나는 어떤 날 죽었습니다. 조지 뮬러에 대해서 죽고, 세상이나 친구들의 칭찬에 대해서 죽고 책망에 대해서도 죽었습니다."

죽음, 이것이 조지 뮬러 목사의 능력의 원천이었던 것입니다.

Q. 당신이 옳다고 생각하는 일 때문에 갈등이 생기거나 실패한 경험이 있다면 그것을 써보세요.

--------------------------------------------------------------

--------------------------------------------------------------

--------------------------------------------------------------

--------------------------------------------------------------

--------------------------------------------------------------

# 03

# 이미 죽은 자로
# 여기라

이와 같이 너희도 너희 자신을 죄에 대하여는 죽은 자요
그리스도 예수 안에서 하나님께 대하여는 살아 있는 자로 여길지어다

로마서 6장 11절

**3과 핵심요약**

❶ 십자가는 예수님이 죽으신 십자가인 동시에 내가 죽은 십자가이다.

❷ 십자가의 복음이 나에게 그대로 임하였음을 고백해야 한다.

❸ 예수님 안에서 죽음이 실제가 되면 모든 문제가 바뀐다.

❹ "나는 죽었고 내 안에 예수님이 사신다."는 진리를 결론 삼고 고백할 때 그리스도 안에서 이루어진 죽음이 실제가 된다.

우리는 지금까지 죽지 않은 자아가 어떤 문제를 일으키는가에 대해 살펴보았습니다. 그러면 우리 자아가 어떻게 죽을 수 있을까요? 많은 성도가 "내가 죽어야지, 죽어야지." 하며 죽으려고 애를 씁니다. 그러나 우리가 분명하게 알아야 할 것은 우리의 자아가 이미 죽었다는 사실입니다. 자아가 죽었다는 것은 믿음이 장성한 사람의 수준을 말하는 것이 아니라 초신자 수준입니다.

무릇 그리스도 예수와 합하여 세례를 받은 우리는
그의 죽으심과 합하여 세례를 받은 줄을 알지 못하느냐 롬 6:3

우리는 예수님을 구주로 마음에 영접할 때 이미 죽었습니다. 우리가 예수를 믿고 세례를 받았다는 말은 곧 나는 죽고 예수님

과 함께 다시 태어났다는 뜻입니다. 그리스도인들은 이미 장례식을 치르고 사는 자들입니다. 이것이 진리이고 복음입니다. 그러나 아직 중요한 것이 남아 있습니다. 그것은 이 진리를 결론으로 삼고 믿음으로 고백하는 것입니다.

> 내가 그리스도와 함께 십자가에 못 박혔나니 그런즉 이제는
>
> 내가 사는 것이 아니요 오직 내 안에 그리스도께서 사시는 것이라
>
> 이제 내가 육체 가운데 사는 것은 나를 사랑하사 나를 위하여 자기
>
> 자신을 버리신 하나님의 아들을 믿는 믿음 안에서 사는 것이라 갈 2:20

로마서 6장 3~6절에서는 "우리"라고 했는데, 갈라디아서 2장 20절에서는 "내가"라고 썼습니다. 말하자면 로마서 6장 3~6절은 '복음의 진리'를 말하는 것이고 갈라디아서 2장 20절은 '개인적인 신앙고백'을 말하는 것입니다.

예수님이 십자가에 죽으실 때, 우리의 옛사람도 예수님과 함께 십자가에 못 박혔습니다. 십자가는 예수님이 죽으신 십자가인 동시에 내가 죽은 십자가입니다. 하나님께서 그렇게 정하셨습니다. 우리가 할 수 있는 일은 이 진리를 "아멘"으로 받아들이는 것뿐입니다. 죽으려고 노력하는 것이 아니라 이미 죽었다고 여기고 믿음으로 죽음을 고백하는 것입니다.

우리도 사도 바울처럼 십자가의 복음이 자신에게 그대로 임하였음을 고백할 수 있어야 합니다. 우리는 자신에 대한 사망선고를 해야 합니다. 죄의 종노릇하던 자아에게 죽음을 선고하는 것

입니다.

"나는 예수님과 함께 십자가에서 죽었습니다. 이제 나는 예수님으로 사는 사람입니다. 예수님께서 나의 생명이시고 나의 전부이십니다."

우리가 이렇게 고백하며 나아갈 때 그리스도 안에서 이루어진 죽음이 실제가 됩니다. 그때 비로소 예수 그리스도께서 생명 되시고 주인 되심을 체험하게 됩니다.

십자가 복음 앞에 정직하게 서야 합니다. 그리고 십자가를 죽음으로 통과해야 합니다. 십자가는 오직 자아의 죽음으로만 통과할 수 있습니다. 자아의 죽음으로 십자가를 통과할 때 비로소 우리는 예수님이 내 생명이 되시는 새로운 삶을 살 수 있게 됩니다.

'나는 죽었습니다.'를 고백하는 것은 '나는 더 이상 죄의 종노릇하던 옛사람이 아니다.'라는 의미입니다.

그 말은 혈기가 없어진 것이 아니라 혈기에 종노릇하지 않게 되었다는 말입니다. 정욕이 없어진 것이 아니라 더 이상 정욕의 종이 아니라는 말입니다.

마귀가 죄로 사로잡으려 할 때, "마귀야, 나는 네 종이 아니야, 이전에 죄의 종노릇하던 나는 죽었어. 나는 이제 예수님의 생명으로 사는 자야. 예수님의 종이야!"라고 선포하게 되었다는 말입니다.

우리가 죽지 않았다고 말하는 것은 심각한 문제입니다. 정말 죽지 않았다면 어떻게 새 생명을 가질 수 있습니까?

만일 우리가 그리스도와 함께 죽었으면 또한
그와 함께 살 줄을 믿노니  롬 6:8

그러므로 너희가 그리스도와 함께 다시 살리심을 받았으면
위의 것을 찾으라  골 3:1

우리는 앞으로 다시 살 것이 아니라 이미 다시 살았다는 것입니다.

Q. 예수님의 십자가 복음을 '나의 복음'으로 고백해보세요. 다음과 같은 내용들을 참고하여 써보세요.

1. 자아가 죽지 않았을 때 당신은 어떤 삶을 살았습니까? 부끄러운 죄가 있더라도 구체적이고 정직하게 고백해보세요.

2. 당신의 옛사람이 십자가에서 예수님과 함께 죽었음을 고백하고, 예수님과 함께 죽었다면 앞으로는 어떻게 살고 싶은지 그 결단을 써보세요.

# 나의 복음

언젠가 교회에 저에 대한 소문이 퍼진 적이 있었습니다. 그 소문은 정말 근거도 없이 추측으로 만들어진 것이었습니다. 그런데 더 황당한 것은 말도 안 되는 소문을 듣고서 사실 여부도 확인하지 않은 채 확대 재생산하고 있는 교인들이었습니다.

집사님 중의 한 명이 그 터무니없는 소문을 퍼뜨렸다는 것을 알게 되었습니다. 처음에는 얼마나 억울하고 분하고 속이 타는지 가만히 앉아 있어도 제대로 숨을 쉬기가 어려울 정도였습니다. 그 집사님을 당장 찾아가 헛소문을 퍼뜨린 연유를 따지고, 개인적인 사과는 물론 교인들 앞에서 공개적인 사과를 받아내고 싶은 심정이었습니다. 그러나 그렇게 하는 것은 그를 교회에서 쫓아내는 것이나 다름이 없었습니다. 무엇보다 그것은 예수님께서 원하시는 방법이 아니었습니다.

이러지도 저러지도 못하는 상황 가운데 '아, 바로 지금이 내가 죽어야 하는 때이구나.' 하는 생각이 떠올랐습니다. 저는 그 생각을 예수님께서 저에게 주시는 말씀으로 받았습니다. 그러나 어떻게 죽어야 하는지 몰랐습니다. 그래서 그냥 무릎을 꿇고 기도하다가 주님께 고백했습니다.

"하나님, 저는 죽었습니다."

그래도 제 마음은 진정되지 않았습니다. 저는 다시 숨을 들이마시고 말했습니다.

"하나님, 저는 이미 죽었습니다."

같은 고백을 두 번, 세 번, 네 번 계속 반복했습니다. 그 고백을 열 번째 반복하는 순간, 저에게 정말로 죽음이 실제가 되는 것처럼 느껴졌습니다. 그 죽음은 참으로 고요하고 평안했습니다. 숨을 쉬지 못할 정도로 고통스러웠던 제 마음이 차분히 가라앉았습니다. 이제 더 이상 거짓 소문을 퍼뜨린 집사가 밉지 않았습니다. 그리고 그 소문을 쉬쉬하며 다른 이들에게 전하였던 교인들에 대한 섭섭함도 모두 사라졌습니다. 마음의 격동이 사라지고 평온해졌습니다.

저는 다시 주님의 마음을 구했습니다.

"주님, 이제 저에게 주님의 마음을 주십시오."

그 기도를 드린 후 주님의 음성을 기다리는데, 갑자기 통곡이 터져 나왔습니다. 말할 수 없는 마음의 아픔이 밀려왔습니다. 울다가 지쳐서 완전히 탈진상태에 이르렀습니다. 손가락 하나 까딱할 수 없는 상태로 누워 있는데, '내가 지금 왜 이렇게 울고 있지?' 하는 의문이 들었습니다. 그때 예수님께서 다시 저에게 말씀을 주셨습니다.

"조금 전에 네가 내 마음을 달라고 기도하지 않았느냐."

저는 그때 죄에 빠져 허우적거리는 우리를 향하신 주님의 마음을 알게 되었습니다. '분노'가 아니라 '슬픔'이었습니다. 주님은 교회 안에서조차 서로 헐뜯고, 상처 주고, 자기를 주장하며 살아가는 우리를 보면서 깊이 슬퍼하고 계셨습니다. 헛소문을 퍼뜨려 교회를 혼란스럽게 하는 집사를 바라보며 통곡하시고, 그 집사를 향해 숨을 쉬지 못할 만큼 분노하는 목사를 바라보며 통곡하고 계셨던 것입니다. 제 자아의 죽음을 인정하고 나서야 비로소 주님의 마음을 알게 되었습니다. 죽음을 알지 못했다면 죽어도 몰랐을 주님의 마음을 말입니다.

예수님 안에서 죽음이 실제가 되면 모든 문제가 바뀝니다. 두려움, 염려, 걱정, 미움, 원망, 욕심, 조바심이 다 사라집니다. 그것들을 느끼는 주체인 내가 죽었기 때문입니다. 자아의 죽음으로 이런 것들이 처리되면 우리 마음에는 평안과 감사, 기쁨과 사랑이 생기게 됩니다. 환경이 문제되지 않습니다. 예수님 안에서 언제 어디서나 기뻐하고, 감사하고, 사랑할 수 있는 사람이 됩니다.

많은 그리스도인이 자아가 죽었다는 사실을 받아들이기 어려워합니다. 내가 죽었다면 감정도 없어지고, 성질도 없어지고, 혈기, 음란한 마음 같은 것도 없어져야 하는데 여전히 그대로인 것처럼 느껴지기 때문입니다. 그런 것들이 살아서 내 안에 꿈틀거리고 있는데 어떻게 내가 죽었다고 믿을 수 있을까요?

우리의 죄가 사함 받은 것과 옛사람이 죽은 증거로 우리에게 주신 분이 성령입니다. 성령께서 우리 안에 거하신 것을 보면 하나님께서 우리 죄를 사하시고 우리의 옛사람이 죽었음을 인정하신다는 사실을 알 수 있습니다. 예수님을 영접할 때 성령께서 우리 안에 오셨다는 것은 하나님께서 나의 옛사람이 죽었다는 사실을 인정하셨음을 의미합니다.

우리가 존경하는 사람이나 사랑하는 사람과 함께 있으면 자신의 욕구나 계획, 의지가 다 죽어집니다. 오직 상대방을 위하여 모든 것을 하게 됩니다. 사람만 같이 있어도 육신을 따라 행하지 못하는 것이 우리의 경험입니다. 하물며 성령께서 내 안에 계시다는 것을 알게 되면 더 말할 것도 없습니다.

Q. 고린도전서 15:31에서 사도 바울은 어떻게 죽음의 삶을 살았다고 했습니까?

나는 날마다 죽노라.

고린도전서 15:31
형제들아 내가 그리스도 예수 우리 주 안에서 가진 바 너희에 대한 나의 자랑을 두고 단언하노니 나는 날마다 죽노라

사도 바울이 "나는 날마다 죽노라"고 고백한 것은 여전히 육신의 욕구를 가지고 있다는 뜻이었습니다. 사도 바울은 육신의 욕구가 살아 있다는 사실을 알고 있었습니다. 그러나 그는 그럴 때마다 자신이 죽었다는 진리를 계속 확인했습니다. 계속해서 "나는 죽었고 내 안에 예수님이 사신다."는 진리를 결론 삼고 고백했던 것입니다. 사도 바울의 이 믿음을 통하여 예수님께서 역사하실 수 있었던 것입니다.

안타까운 것은 '나는 죽고 예수로 사는' 이 엄청난 복음을 듣고도 믿음으로 '나는 죽었다. 예수님으로 산다.' 고백하며 살지 않고, 계속 죽여 달라고 기도한다는 것입니다.

청소년 시절 수련회에서 많이 불렀던 찬양이 〈내가 그리스도와 함께 십자가에 못 박혔나니〉 라는 곡이었습니다. 그 찬송을 부르면서 울고 소리 질러 기도하며 떼굴떼굴 굴렀습니다. 그 찬송은 수련회 찬송이었고 회개의 찬송, 결단의 찬송이었습니다. 그런데

그때 〈내가 그리스도와 함께 십자가에 못 박혔나니〉 이 찬송을 부르면서 그렇게 울었던 이유는 "주님, 저는 안 죽었어요. 아직 제 마음대로 살고 있어요. 주님 회개합니다. 이제는 죽을게요. 정말 한번만 더 기회를 주세요. 저를 죽여주세요." 하는 것 때문이었습니다.

이미 죽었다고 노래하면서 속으로는 '안 죽었어요, 죽여주세요.' 한 것입니다. 그래서 수련회를 마치고 집에 오면 더 좌절이 되었습니다. 갈라디아서 2장 20절은 회개의 말씀이나 소원의 말씀이 아닙니다. 확신의 말씀, 은혜의 말씀, 능력의 말씀입니다.

**자아는 주님이 죽여주시는 것이 아닙니다. 자신이 자아를 죽음으로 처리하는 것입니다.**

Q. 당신은 자아의 죽음을 받아들임으로 도무지 해결할 수 없을 것 같은 시험에서 이겼던 경험이 있습니까?

------------------------------------------------

------------------------------------------------

------------------------------------------------

------------------------------------------------

------------------------------------------------

------------------------------------------------

------------------------------------------------

------------------------------------------------

# 04
# 나는 죽고
# 예수는 살고

또한 너희 지체를 불의의 무기로 죄에게 내주지 말고
오직 너희 자신을 죽은 자 가운데서 다시 살아난 자 같이
하나님께 드리며 너희 지체를 의의 무기로 하나님께 드리라
로마서 6장 13절

**4과 핵심요약**

❶ 삶의 주도권이 예수님께 있을 때 하나님의 역사가 드러난다.

❷ 예수님께서 우리를 통해 역사하시도록 자아의 죽음을 받아들이고 고백해야 한다.

❸ 죽음을 믿고 고백한다는 것은 예수님께 맡기고 완전히 순종하는 상태이다.

❹ 자아의 죽음을 고백함이 믿음의 시작이고 주님이 역사하시는 삶의 출발점이다.

예수님의 제자들 중에는 두 가지 유형이 있습니다. 첫 번째 유형은 주님의 일을 스스로 열심히 하는 사람들이고, 두 번째 유형은 주님이 자신을 통하여 일하시도록 하는 사람들입니다. 그 차이는 무엇일까요?

## 1. 주님의 일을 스스로 열심히 하는 유형의 제자입니다

내가 유오디아를 권하고 순두게를 권하노니

주 안에서 같은 마음을 품으라 빌 4:2

유오디아와 순두게는 빌립보교회의 충성스러웠던 여성 지도자였으나 한편으로는 교회 내 분열과 시험을 일으키는 사람들이었

206

습니다. 사도 바울은 두 사람에게 "주 안에서 같은 마음을 품으라"고 권면했습니다. 이 말씀을 통해 열심이 무조건 좋은 것만은 아니라는 것을 알 수 있습니다.

유오디아와 순두게 같은 유형의 사람들은 열심이 있으나 주도권을 자신이 가지고 있는 사람입니다. 그래서 잘한 것은 자랑과 교만으로 나타나고, 잘 안 된 것은 불평과 낙심으로 나타납니다. 주변에는 계속되는 갈등과 다툼이 있고 시험거리가 많습니다.

## 2. 주님께서 자신을 통하여 일하시도록 하는 유형의 제자입니다

그러므로 내가 그리스도 예수 안에서 하나님의 일에 대하여 자랑하는 것이 있거니와 그리스도께서 이방인들을 순종하게 하기 위하여 나를 통하여 역사하신 것 외에는 내가 감히 말하지 아니하노라 롬 15:17-18

사도 바울은 자신이 한 일을 나타내고 드러내는데 결코 관심이 없었습니다. 그가 말하고 싶은 것은 오직 예수님께서 자신을 통해 어떻게 역사하셨는지에 관한 것입니다. 삶의 주도권이 예수님께 있었음을 말해 주는 것입니다.

사도 바울처럼 삶의 주도권이 예수님께 있을 때 하나님의 역사가 드러납니다. 내가 일하는 것처럼 보이지만 실제로는 하나님께서 일하시기 때문입니다. 어떤 일이 잘되어도 교만하지 않고 겸손할 수 있습니다. 반대로 어떤 일이 실패한다 하더라도 절망하거나 낙심하지 않을 수 있습니다. 자아가 드러나지 않기 때문에 갈등과 분쟁도 사라지고 하나가 될 수 있습니다.

예수님께서 우리를 통해 역사하실 수 있으려면 자아의 죽음을 받아들이고 고백해야 합니다. 우리의 옛사람은 예수님과 함께 십자가에서 죽었습니다. 우리가 해야 하는 일은 그 사실을 "아멘"으로 받아들이는 것과 입술로 고백하는 것입니다. 그러면 주님께서 역사하십니다.

이것은 우리가 아무것도 하지 않는 것을 말하는 것이 아닙니다. 죽음을 믿고 고백한다는 것은 예수님께 맡기고 완전히 순종하는 상태를 말합니다. 나의 의지를 버리고 주님의 의지로 행하고, 나의 감정이 아니라 주님의 감정으로 느끼고, 나의 지식과 경험에 의존하지 않고 매 순간 주님께 묻는 자세로 사는 것을 말합니다. 그럴 때 비로소 예수님께서 나를 통하여 역사하실 수 있게 되는 것입니다.

Q. 예수님께서 당신을 통하여 하고 싶어 하시는 일이 무엇일까요? 깊이 생각하고 써보세요.

-----------------------------------------------------------------

-----------------------------------------------------------------

-----------------------------------------------------------------

-----------------------------------------------------------------

-----------------------------------------------------------------

우리는 흔히 "나를 향한 주님의 계획은 무엇입니까?"라고 묻습니다. 주님의 뜻을 묻고 있지만 여전히 주체는 '나'입니다. 우리의 질문이 바뀌어야 합니다. 우리는 그저 "주님의 계획은 무엇입니까?"라고 물어야 합니다. 그렇게 할 때 바른 답을 얻을 수 있고 우리가 무엇을 해야 하는지 알 수 있게 됩니다.

고등부의 한 여학생이 어릴 때 부모님이 모두 돌아가셔서 고모 밑에서 자랐습니다. 그 고모는 조카들을 키우느라 결혼도 못하고 온갖 고생을 하며 살았습니다. 학생은 고모가 자기들을 위해 희생하는 것은 고맙지만 날이 갈수록 심해지는 고모의 잔소리에 반항심이 생겼습니다. 특히 고모가 교회 다니는 것을 반대하는 것은 견딜 수가 없었습니다. 그래서 집에만 오면 숨이 막혔고 계속해서 고모와 싸웠습니다. 그러나 교회에서 기도할 때면 언제나 고모와 싸운 것이 마음이 아팠습니다. 가장 큰 회개의 제목이었습니다.

어느 날 그 학생은 교회에서 "우리가 죽어야 우리 대신에 예수님께서 역사하신다."는 설교를 듣고 큰 은혜를 받았습니다. 그 순간 "나 대신 예수님이 우리 고모를 만나시면 얼마나 좋을까…." 하는 생각이 들었습니다. 예배를 마친 후 집으로 돌아간 학생은 현관의 문고리를 잡고 기도했습니다.

"하나님, 저는 고모를 만나면 싸우지 않을 자신이 없습니다. 제 대신 주님이 우리 고모를 만나 주세요."

기도를 마치고 문을 여는 순간, 잔뜩 미간을 찌푸린 고모가 영락없이 잔소리를 퍼붓기 시작했습니다. 그런데 그 잔소리를 듣는 학생의 마음이 전과는 달랐습니다. 예전에는 반항했을 텐데 그날은 잔소리를 퍼붓는 고모의 주름진 얼굴이 눈에 들어왔습니다. 학생의 눈에서 왈칵 눈물이 솟구쳤습니다. 학생은 자기에게 소리를 질러대는 고모를 와락 끌어안았습니다. 그러고는 깜짝 놀라는 고모에게 말했습니다.

"고모, 고모 많이 늙었어! 우리 때문에 너무 많이 늙었어. 고모!"

고모는 전혀 예상치 않았던 조카의 행동과 말 때문에 당황했지만 그 순간 가슴에서 오랫동안 응어리져 있던 것이 풀어지는 느낌을 받았습니다. 그날 고모와 조카는 서로를 붙들고 한참을 울었습니다. 예수님께서 조카를 통해서 한 많은 한 여인의 삶을 치유하고 해방시키는 순간이었습니다. 그날 이후 고모는 조카를 따라서 교회에 나왔고 지금은 우리 교회의 충성스러운 집사가 되어 주님을 섬기고 있습니다.


우리 가정에 예수님께서 함께 계시다고 느껴지지 않는 것은 남편과 아내가 서로 죽지 않았기 때문입니다. 남편이 죽으면 아내가 남편 안에 계신 예수님을 만납니다. 아내가 죽으면 남편이 아내 안에 계신 예수님을 만납니다. 부모가 죽으면 자식이 예수님을 만나고 자식이 죽으면 부모가 예수님을 만납니다. 이것보다 더 큰 행복은 없습니다.

순종에는 두 가지가 있습니다. 첫 번째 순종은 자신의 힘으로 노력하는 순종입니다. 이런 사람은 결국 노력해도 잘되지 않는다는 좌절감을 느낄 수밖에 없습니다. 두 번째 순종은 죽음으로 하는 순종입니다. 자아가 죽어야 비로소 진짜 순종이 됩니다. 하나님께 순종하지 못하는 가장 큰 장애물이 사실은 자아이기 때문입니다.

2002년 신학대학원생들의 연합여름수련회에 말씀을 전하러 갔을 때 일입니다. 해마다 많은 신학생이 배출되지만 이들이 일할 사역지가 부족해진 상황에서 불확실한 미래를 불안해하는 그들에게 말씀을 전하기에 앞서 하나님께 기도했습니다.

"하나님, 그들에게 어떤 메시지를 전해야 합니까? 저 수많은 전도사가 나가서 일할 사역지가 너무 부족합니다."

그때 하나님께서 제 마음에 책망하시는 말씀을 주셨습니다.

"사역지가 왜 부족하냐?"

하나님의 책망하심에 저 역시 깊이 깨달은 것이 있어서 그 마음 그대로 신학생들에게 말씀을 전했습니다.

"여러분은 왜 졸업 후에 사역할 임지가 없다고 생각하십니까? 임지는 많습니다. 여러분이 집도 주고 월급도 주는 교회만 찾으려고 하니까 교회가 없는 것입니다. 여러분이 교회에 가서 '사례비 안 주셔도 됩니다. 집도 필요 없습니다. 그저 제가 복음을 전할 곳만 알려 주십시오.'라고 해보세요. 그리고 교회에서 지시하는 곳으로 나가 하루 종일 전도하고 결신자를 얻으면 교회에 와서 등록시켜 보세요. 어느 교회가 안 써주겠습니까? 여러분, 그렇게 했는데도 영 임지를 구할 수 없으면 저희 교회로 오십시오. 교회 재정상 사례비를 드리지는 못해도 열심히 전도하시겠다면 저는 얼마든지 환영하겠습니다."

그런데 정말 교회로 찾아온 전도사님과 목사님들이 있었습니다. 설교에 은혜를 받았다면서 사례비를 안 줘도 되니까 그냥 교회에서 일만 하게 해달라는 것입니다. 장로님들과 의논해 보니 "요즘 그런 전도사님들이 어디 있습니까? 일하시도록 해보지요." 라는 답을 들을 수 있었습니다. 그래서 그들을 정식으로 파송받기 위해 감리사님에게 연락했습니다. 그러자 "감리교 교회법상 전도사를 파송하려면 파송 받는 교회에서 최소한의 생활비를 지급하도록 되어있습니다."라고 하며 사례 없이는 불가능하다는 것이었습니다. 이미 함께 일해 보자고 해놓은 터라 장로님들과 재차 의논했습니다. 그러사 그들도 이왕 그렇게 된 것을 어쩌겠느냐고 하시며 그분들 모두에게 사례비를 지급하도록 결의해 주셨습니다. 한 해 동안 교회는 갑자기 맞이하게 된 일곱 분의 교역자들의 사례비를 충당하느라 비상 재정 운영을 해야 했지만 죽기를 각오한 일곱 명의 사역자로 인해 그해에 놀라운 일들을 경험했습니다. 저는 그들을 보면서 정말 예수님 안에서 죽기로 각오하면 예수님이 반드시 살 길로 인도하신다는 것을 확신했습니다.

내 자아의 죽음은 결코 신앙생활의 목표가 아닙니다. 도를 닦아서 이르러야 할 경지가 아닙니다. 내가 죽었다는 것은 믿음의 시작이고 주님이 역사하시는 삶의 출발점입니다.

Q. 당신이 죽음을 받아들이고 순종했을 때, 하나님께서 역사하신 간증이 있습니까?

# 05
**4단원**

# 죽음을 통한 승리

> 우리가 항상 예수의 죽음을 몸에 짊어짐은 예수의 생명이 또한
> 우리 몸에 나타나게 하려 함이라 우리 살아 있는 자가 항상 예수를 위하여
> 죽음에 넘겨짐은 예수의 생명이 또한 우리 죽을 육체에 나타나게 하려 함이라
>
> 고린도후서 4장 10-11절

**5과 핵심요약**

❶ 내가 죽었다는 사실을 믿음으로 받아들일 때 예수님의 생명으로 살게 된다.

❷ 예수님 안에서 죽은 사람은 어떤 시험도 이길 힘을 얻게 된다.

❸ 그리스도 안에서 자아의 죽음을 받아들이는 사람은 자신을 드러낼 수 있는 자유를 얻는다.

❹ 예수님 안에서 자아의 죽음을 받아들이면 자유와 승리를 얻는다.

나는 죽고 예수로 사는 십자가 복음의 핵심은 죽음이 아니라 생명에 있습니다. '나는 죽고'에 초점이 있는 것이 아니라 '예수로 살고'에 초점이 있는 것입니다. 예수님은 우리 안에 계십니다. 그런데 왜 우리는 예수님의 생명으로 살지 못합니까? 내가 죽었다는 사실을 믿음으로 받아들이지 않기 때문입니다. 나의 죽음을 믿고 받아들이지 않기 때문에 예수님으로 사는 삶으로는 한 발짝도 나아가지 못하는 것입니다.

주님을 인격적으로 알고 나면 죽음은 저절로 됩니다.

하나님 앞에서도 여전히 더러운 죄를 지을 수 있을까요? 하나님 앞에서도 '나는' '나는' 하면서 자기를 주장할 수 있을까요? 하나님 앞에서도 염려하고 걱정할까요? 하나님의 말씀을 들었을

때, "안 돼요!", "못해요!", "그것만은 할 수 없어요!"라고 말할 수 있을까요? 이것이 바로 죽음입니다.

이 죽음은 육신이 죽고 난 다음 경험하는 것이 아닙니다. 예수님을 진정으로 영접하였을 때, 누구나 경험하는 것입니다. 먹고 사는 걱정이 주님께 맡겨집니다. 오직 죽음만 보여드리면 됩니다.

사도 바울은 그가 항상 죽음을 고백하며 사는 이유를 이렇게 말했습니다.

우리가 항상 예수의 죽음을 몸에 짊어짐은 예수의 생명이

또한 우리 몸에 나타나게 하려 함이라 우리 살아 있는 자가 항상

예수를 위하여 죽음에 넘겨짐은 예수의 생명이

또한 우리 죽을 육체에 나타나게 하려 함이라 고후 4:10-11

사도 바울은 예수님의 죽음을 짊어지고 살았습니다. 자기 십자가를 지고 살았다는 말입니다. 그가 항상 자기 십자가를 지고 살았던 이유는 그때에 예수님의 생명이 자신을 통하여 나타날 수 있었기 때문입니다.

예수님 안에서 죽은 사람은 어떤 시험도 이길 힘을 얻게 됩니다. 죽음조차도 더 이상 그를 두렵게 할 수 없습니다. 그리고 이런 믿음을 통하여 예수님의 생명의 역사가 나타나는 것입니다.

2001년 11월, 서울동광교회에서 부흥회를 인도할 때입니다. 그

교회 교우들과 식사를 마친 후 저녁집회 준비를 위해 숙소로 돌아가는 길이었는데 아내에게서 전화가 왔습니다. 전화를 받으니 아내 목소리가 평소와 달리 가라앉아 있었습니다.

"여보, 저 암이래요."

아내는 청천벽력 같은 검진 결과를 받아들고 혼자서는 집으로 돌아갈 기력이 없어서 병원 로비에 앉아 저에게 전화를 했던 것입니다. 저는 망치로 머리를 얻어맞은 것처럼 정신이 없었습니다. 당장 저녁집회 때 설교할 자신도 없었습니다. 바로 달려가 아내 옆에 있어야 할 것 같았습니다. 하지만 저는 아내에게 이렇게 말할 수밖에 없었습니다.

"여보, 너무 미안해. 지금 내가 당신에게 갈 상황이 아니야. 당신 혼자 집에 가야겠어."

저녁집회 준비를 위해 머리를 숙인 제 머릿속에는 온통 아내에 대한 걱정뿐이었습니다. 저는 주님께 기도했습니다.

"주님, 설교할 힘이 없습니다. 이 상황에서 제가 무슨 설교를 할 수 있겠습니까?"

주님께서 즉각 응답하셨습니다. 그 응답은 저에 대한 책망이었습니다.

"너는 네가 이미 죽었다고 고백해 놓고, 뭘 또 그렇게 죽겠다고 아우성이냐? 오늘 저녁집회에 참석하는 교인들 중에 네 아내처럼 큰 병에 걸려 절박한 심정으로 해답을 구하는 자가 있다면, 너는 그에게 무슨 말을 하겠느냐? 네가 네 아내에게 해줄 말을 그에게 해라."

저는 그제야 제가 이미 죽었음을 깨달았습니다. 기도가 바뀌었습니다.

"주님, 아내를 주님께 맡깁니다. 제가 할 수 있는 것은 아무것도 없습니다. 다만 오늘 저녁집회에 암 선고를 받고 온 이가 있다면 말씀을 통하여 구원하시는 하나님을 만나게 해주소서."

그날 밤, 저는 제가 할 수 있는 최선을 다해 말씀을 전했습니다. 큰 은혜가 있었습니다. 집회를 마친 후 운전하여 집으로 돌아오는데 걱정스러운 마음이 들었습니다.

'지금 아내는 어떤 상태일까, 나는 아내에게 무슨 말을 해야 할까?'

모르기는 해도 지금쯤 아내는 초죽음 상태가 되어 자리에 누워 있을 것이 뻔했습니다. 저는 두려운 마음으로 초인종을 눌렀습니다. 그런데 현관문을 여는 아내의 표정이 무척 밝았습니다.

"여보, 괜찮아?"

"예, 저 괜찮아요."

아내는 웃음을 지으며 제 말을 받았습니다. 저는 아내의 밝은 표정에 어리둥절해서 자초지종을 물었습니다. 아내는 저에게 다음의 이야기를 들려주었습니다.


정신이 혼미한 상태에서 전철을 타고 안산까지 왔어요. 자꾸만 눈물이 흘렀어요. 그런데 안산역에서 내려 집에 가려고 택시를 기다리는데, 갑자기 역 주변에서 좌판을 벌이고 장사를 하는 교우들 생각이 나더라고요. 혹시 저에게 무슨 일이 생기면 그분들을 더 볼 수 없을지도 모른다는 생각이 들었어요. 그래서 마지막 심방이라고 생각하며 그분들을 찾아뵈었어요. 그런데 저의 느닷없는 방문을 받은 그분들이 너무 좋아하시는 거예요. 사모님이 자기들을 찾아왔다고 기뻐하시는 모습이 얼마나 좋던지 제 문제를 잊을 정도였어요. 추운 날씨에 떨면서 장사하는 그분들에게 따뜻한 차와 저녁을 사 드리고 함께 기도하고 일어났어요.

집에까지 택시를 타고 오는데, 차 안에서 갑자기 기사 분에게 전도를 해야겠다는 생각이 들었어요. 기사 분은 제가 자꾸 교회 이야기를 하니까 무척 떨떠름해 하시더라고요. 그래서 제가 그랬죠. '기사님, 제가 지금 병원에서 암 선고를 받고 오는 길이에요. 우리가 사는 세상 이후에 분명히 천국이 있어요. 꼭 예수님을 믿으셔야 해요.' 그랬더니 그분 태도가 확 바뀌는 거였어요. 제가 하는 말에 귀를 기울이며 듣더라고요. 그리고 아파트 앞에서 내리면서 다시 한 번 교회에 꼭 나가시라고 권면했지요.

사실 병원에서 암이란 판정을 들었을 때는 세상이 무너지는 것 같았어요. 그러나 곰곰이 생각했어요. 주님이 지금 나에게 가장 원하시는 것이 무엇일까? 그것은 영혼을 사랑하고 구원하는 것이었어요. 제가 그 사실을 받아들이고 심방하고 전도하니까 마음이 그렇게 편해질 수가 없었어요. 하나님께서 저에게 얼마의 시간을 주시든 저는 그 시간을 주님과 이웃을 위해 사용하고 싶어요.

저는 아내의 말을 듣는 순간 깨달았습니다. 사람이 자신의 죽음을 받아들이고 삶의 초점을 자신이 아니라 예수님께 맞추면, 죽음조차 우리를 무너뜨릴 수 없다는 것을 말입니다.

그 후 제 아내는 암 제거 수술을 받았습니다. 그 시간은 저희 부부에게 정말 힘들고 고통스러운 시간이었습니다. 그러나 하나님께서는 저희에게 은혜를 베푸셨고 지금 제 아내는 암에서 완벽하게 고침을 받았습니다.

Q. 당신이 정말 죽음을 앞두고 있다면 무엇을 하겠습니까? 지금 가장 고민되고 힘든 문제에 죽음을 적용해보기 바랍니다.

------------------------------------

------------------------------------

------------------------------------

------------------------------------

------------------------------------

그리스도 안에서 자아의 죽음을 믿고 받아들이는 사람에게는 한 가지 더 놀라운 복이 있습니다. 그것은 자신을 감추거나 억누르지 않고 드러낼 수 있는 자유를 얻는다는 것입니다.

갑자기 집에 귀중한 손님이 찾아왔다고 생각해보세요. 급한 마음에 여기저기 널려 있던 것들을 장롱 속에 집어넣고 구석구석 감추어둡니다. 겉으로는 정리가 잘된 것처럼 보이지만 그렇다고 정말 집안이 깨끗한 것입니까? 지저분한 것이 보이지 않을 뿐이지 깨끗해진 것은 아닙니다.

많은 성도가 이런 식으로 죄와 교만과 성질을 힘겹게 감추고 누르고 살아갑니다. 감추고 누르면서 이겼다고 생각합니다. 그러나 드러나지 않는 것일 뿐이지 이긴 것이 아닙니다. 겉으로는 겸손한 척 머리를 숙이지만 속에서는 교만이 머리를 듭니다. 성질을 애써 누릅니다. 속으로는 찡그리고 겉으로는 웃습니다. 그런 사람들에게 신앙생활은 자유와 기쁨이 아니라 또 하나의 짐이요, 스트레스입니다.

유교의 공자는 수신(修身)을 가르쳤습니다. 이것은 계속 마음을 닦고 억제하는 것으로써, 이것이 성공해야 성인이 된다는 가르침입니다. 그리스도인이면서도 유교식으로 사는 성도가 많습니다. 그들은 매사에 조심하고 또 조심합니다. 율법적인 신자입니다.

그러나 예수님의 제자는 억누르지 않고 드러내고 또 드러냅니다. 자신의 내면을 드러내면서도 두려울 것이 없고 문제가 될 것이 없습니다. 왜냐하면 나는 예수님 안에서 이미 죽은 자이기 때문입니다. 예수님께서 나의 주인이 되시기 때문입니다. 이것이 그리스도인이 누리는 진정한 자유요, 복이요, 승리입니다.

Q. 당신은 죄와 성질을 힘써 누르고 감추고 꾸미며 살지는 않습니까? 당신의 신앙생활을 점검해보세요.

---------------------------------------------------------------

---------------------------------------------------------------

---------------------------------------------------------------

---------------------------------------------------------------

---------------------------------------------------------------

---------------------------------------------------------------

# 소그룹
# 나눔 | 인도자용

**마음열기**
**(8분)**

- 찬양 : 구주와 함께나 죽었으니(407장), 내가 그리스도와 함께
- 기도 : 미리 정해진 순서에 따라 모임을 위해 기도합니다.

**과제점검**
**(2분)**

- 출석체크, 예습, Q.T여부, 기도생활
- 성경암송 점검 – 갈라디아서 2:20

  내가 그리스도와 함께 십자가에 못 박혔나니 그런즉 이제는

  내가 사는 것이 아니요 오직 내 안에 그리스도께서 사시는 것이라

  이제 내가 육체 가운데 사는 것은 나를 사랑하사 나를 위하여

  자기 자신을 버리신 하나님의 아들을 믿는 믿음 안에서 사는 것이라

**도입질문 및**
**각 과별 진행**
**(100분)**

Q. 죽음이란 먹고 사는 것에 대한 염려를 하지 않는 모습으로 나타납니다.

  이러한 삶에 대하여 어떻게 느끼고 있습니까?

  함께 나누어 보시기 바랍니다.

# 01
# 그리스도인이
# 실패하는 이유

**Q. 여러분의 삶에서 마주하는 많은 문제의 원인이 무엇인지 깨달았습니까?**

◑ 이 질문의 핵심은 우리 자아의 문제점을 이해시키는 것입니다. 반원들이 자아의 문제점을 분명히 이해할 수 있도록 도와주십시오.

---

---

---

---

---

---

---

---

---

**핵심 요약**  예수님께서 우리의 주인이 되셔야 역사가 일어납니다. 예수님을 주인 되지 못하게 하는 것이 자아입니다. 자아의 실상을 알고 나면 내가 죽는 것이 복음이라는 사실을 알게 됩니다. 자아는 그 자체가 죄 덩어리입니다. 자신에 대해 절망할 때 비로소 "나는 죽었습니다."라는 십자가의 진리를 받아들일 수 있는 준비가 된 것입니다.

# 02
# 살아 있는 자아,
# 죽지 않은 그리스도인

◑ '죽으라!'는 명령은 들어보지 못했지만 '포기하라', '내려놓으라', '반응하지 말라' 등과 같이 자기 뜻(욕심)과 반대되는 음성을 들었다면 그것이 곧 '죽으라'는 음성을 들은 것입니다. 그 점을 잘 가르쳐주고, 다시 나눌 것이 있는지 확인하십시오.

**Q. 여러분은 죽으라는 주님의 명령을 들어본 적이 있습니까?**

--------------------------------------------------------

--------------------------------------------------------

--------------------------------------------------------

--------------------------------------------------------

◑ 이 질문을 통하여 반원들은 죽지 않은 자아의 문제점을 스스로 깨달을 수 있습니다. 부부관계, 자녀관계, 교우관계 등에서 자아로 인하여 어떤 문제들이 일어났었는지 나눕니다. 인도자가 먼저 경험을 나누어 주십시오.

**Q. 여러분이 옳다고 생각하는 일 때문에 갈등이 생기거나 실패한 경험이 있다면 그것을 써보세요.**

--------------------------------------------------------

--------------------------------------------------------

--------------------------------------------------------

--------------------------------------------------------

--------------------------------------------------------

--------------------------------------------------------

**핵심 요약** 우리가 '제자인가' 하는 것은 자기를 부인하고 자기 십자가를 졌느냐에 달려 있습니다. 죽지 않은 자의 전형적인 문제는 자신이 옳다고 생각하는 것입니다. 이것이 우리 안에 계신 예수님의 역사를 막는 가장 큰 장애물입니다. 세상 사람들에게 죽음은 곧 종말을 의미하지만 그리스도인에게 죽음은 곧 능력 있는 삶의 시작입니다.

# 03
# 이미 죽은 자로
# 여기라

◑ 나의 복음에서 강조되어야 할 점은 죽으려고 노력하는 것이 아니라 죽음을 현실로 받아들여야 한다는 것입니다. "하나님, 저는 예수님과 함께 죽었습니다."라고 고백하는 부분이 있습니다. 반원들과 함께 고백해 보십시오.

Q. 당신도 예수님의 십자가 복음을 '나의 복음'으로 고백해보세요. 다음의 내용을 참고하여 써보세요.

1. 자아가 죽지 않았을 때 여러분은 어떤 삶을 살았습니까? 부끄러운 죄가 있더라도 구체적으로 정직하게 고백해보세요.

2. 여러분의 옛사람이 십자가에서 예수님과 함께 죽었음을 고백하십시오. 예수님과 함께 죽었다면 앞으로는 어떻게 살고 싶은지 그 결단을 써보세요.

### 나의 복음

Q. 여러분은 자아의 죽음을 받아들임으로 도무지 해결할 수 없을 것 같은 시험에서 이겼던 경험이 있습니까?

---

---

---

---

---

---

---

**핵심 요약** 우리가 분명하게 알아야 할 것은 우리의 자아는 이미 죽었다는 사실입니다. 그리스도인들은 이미 장례식을 치르고 사는 자들입니다. 이것이 진리이고 복음입니다. 예수님이 십자가에 죽으실 때 우리의 옛사람도 예수님과 함께 십자가에 못박혔습니다. 죽으려고 노력하는 것이 아니라 이미 믿음으로 죽음을 고백하는 것입니다. 자아의 죽음이 실제가 되면 두려움, 염려, 걱정, 미움 등 모든 문제가 사라집니다. 내가 죽었기 때문입니다.

# 04
# 나는 죽고
# 예수는 살고

● 질문의 핵심은 "내가 무엇을 하고 싶으냐?"가 아니라 "예수님께서 나를 통해 하시고 싶은 일이 무엇인가?" 하는 것입니다. 자기 열심과 순종을 구분하는 질문입니다. 주님께서 순종하기를 바라시는 부분에 대해 함께 나누십시오.

Q. 예수님께서 여러분을 통하여 하고 싶어 하시는 일이 무엇일까요? 깊이 생각하고 써보세요.

-------------------------------------

-------------------------------------

-------------------------------------

-------------------------------------

● 반원 중에 간증하는 분이 있다면, 그를 격려해 주십시오. 그리고 그 간증을 통해 다른 반원들도 그와 같은 순종의 삶을 살도록 도전하십시오. 죽음이란 완전히 순종하는 상태를 의미합니다. 자신의 의지와 감정, 지식을 버리고 주님께 완전히 순종하는 것입니다. 이것을 강조해 주십시오.

Q. 여러분이 죽음을 받아들이고 순종했을 때 하나님께서 역사하신 간증이 있습니까?

-------------------------------------

-------------------------------------

-------------------------------------

-------------------------------------

-------------------------------------

---

**핵심 요약**  제자의 두 유형이 있습니다. 첫 번째는 주님의 일을 스스로 열심히 하는 유형의 제자입니다. 열심히 하지만 주도권을 자신이 가지고 있는 사람입니다. 두 번째는 주님께서 자신을 통하여 일하시도록 하는 유형의 제자입니다. 삶의 주도권이 예수께 있는 사람입니다. 바로 자아가 죽은 사람입니다. 죽음을 믿고 고백하는 것은 예수님께 맡기고 완전히 순종하는 상태를 말합니다.

# 05
## 죽음을 통한 승리

Q. 여러분이 정말 죽음을 앞두고 있다면 무엇을 하겠습니까? 지금 가장 고민되고 힘든 문제에 죽음을 적용해보기 바랍니다.

---

---

---

---

---

○ 율법적 신앙생활에 젖어 사는 신앙인들이 의외로 많습니다. 이 질문을 함께 나눔으로 억누르고, 감추며 살았던 율법적 신앙생활을 청산하도록 도우십시오. 자아의 죽음이란 모호한 것이 아니라 실제적인 것입니다. 그리스도 안에서 자아의 죽음을 받아들임으로 자유와 승리를 누리는 것입니다.

Q. 여러분은 죄와 성질을 힘써 누르고 감추고 꾸미며 살지는 않습니까? 여러분의 신앙생활을 점검해보세요.

---

---

---

---

---

**핵심 요약** 나는 죽고 예수로 사는 십자가 복음의 핵심은 죽음에 있지 않고 생명에 있습니다. '예수로 사는' 것에 초점이 있습니다. 예수님의 제자는 억누르지 않고 드러내고 또 드러냅니다. 드러내는 것이 두렵지 않습니다. 이미 죽은 자이기 때문입니다. 예수님이 나의 주인이시기 때문입니다. 이것이 그리스도인이 누리는 진정한 자유요, 복입니다.

**마무리**
**(10분)**

1. 함께 기도하기

   • 개인 기도제목을 나눕니다.

   • 인도자가 단원 주제에 맞는 기도제목을 제시하고

     개인 기도제목과 함께 기도합니다.

   • 인도자가 마무리 기도하고 주기도문으로 마칩니다.


2. 광고 및 과제

   • 다음 모임에 대한 안내와 다음 주 공부할 단원을 짧게 소개합니다.

   • 성경암송 과제는 에베소서 5:18 입니다.

# 5

# 성령 충만한
# 사람

술 취하지 말라 이는 방탕한 것이니
오직 성령으로 충만함을 받으라

에베소서 5:18

5단원 핵심영상강의
youtu.be/sfStT4EAy-8

# 01

## 우리 시대에 임한
## 두 가지 부흥

술 취하지 말라 이는 방탕한 것이니
오직 성령으로 충만함을 받으라
에베소서 5장 18절

**1과 핵심요약**

❶ 이 시대는 죄악의 부흥과 성령의 부흥이 동시에 뚜렷이 이루어지고 있다.

❷ 이 시대는 엄청난 죄악의 풍조에 휩싸여 있는 반면 강력한 성령 충만의 역사도 일어나고 있다.

❸ 성령의 능력과 부흥이 점점 더 강하게 나타나고 있다.

❹ 오직 하나님만 의지하고 사는 것이 우리에게 필요한 부흥이다.

1985년 미국 교회를 탐방할 기회가 있었습니다. 그 중 한 교회가 시카고 제일연합감리교회였습니다. 다른 교회들은 다 성장하고 부흥하는 교회였는데, 그 교회는 한때 크게 부흥했었다가 지금은 쇠퇴한 교회였습니다. 그 교회 예배당은 너무나 고풍스럽고 웅장하였습니다. 그러나 그곳에 앉아 기도하면서 부흥이 사라진 교회는 공기조차 다르다는 것을 느꼈습니다. 저는 예배당 의자에 앉아서 눈물로 기도했습니다.

"하나님, 저는 '부흥하는 교회'에서 사역하기 원합니다. 제가 목회하는 교회의 성도는 부흥하는 교회에서 신앙생활을 하게 해 주십시오."

우리가 살고 있는 시대는 두 가지 형태의 부흥, 곧 죄악의 부흥

232

(세상 충만)과 성령의 부흥(성령 충만)이 동시에 빠르고, 뚜렷하게 이루어지고 있습니다.

Q. 성경은 말세에 대해 두 가지 서로 다른 예언을 합니다. 다음 질문을 읽고 답을 쓰세요.

1. 디모데후서 3:1-5을 읽고 요점을 정리해 쓰세요.

말세에는 사람들이 자기중심적으로 살아가는 방식이 극에 달하고

죄악으로 충만한 삶을 살게 됨.

2. 이 예언이 지금 어떤 모습으로 우리 주변에서 나타나고 있습니까?

3. 요엘 2:28-29을 읽고 요점을 정리해 쓰세요.

때가 되면 하나님께서 성령을 만민에게 부어주실 것이다.

4. 이 예언이 지금 어떤 모습으로 우리 주위에 나타나고 있습니까?

디모데후서 3:1-5

1너는 이것을 알라 말세에 고통하는 때가 이르러 2사람들이 자기를 사랑하며 돈을 사랑하며 자랑하며 교만하며 비방하며 부모를 거역하며 감사하지 아니하며 거룩하지 아니하며 3무정하며 원통함을 풀지 아니하며 모함하며 절제하지 못하며 사나우며 선한 것을 좋아하지 아니하며 4배신하며 조급하며 자만하며 쾌락을 사랑하기를 하나님 사랑하는 것보다 더하며 5경건의 모양은 있으나 경건의 능력은 부인하니 이같은 자들에게서 네가 돌아서라

요엘 2:28-29

28그 후에 내가 내 영을 만민에게 부어 주리니 너희 자녀들이 장래 일을 말할 것이며 너희 늙은이는 꿈을 꾸며 너희 젊은이는 이상을 볼 것이며 29그 때에 내가 또 내 영을 남종과 여종에게 부어 줄 것이며

성경의 예언대로 마지막 때 세상은 점점 더 두 부흥의 열기로

갈라지고 있습니다. 사도 바울이 말한 것처럼 말세가 될수록 죄악이 부흥하고 있습니다. 반대로 성령의 부흥도 일어나고 있습니다.

이사야는 "여호와의 영광이 나타나고 모든 육체가 그것을 함께 보리라"(사 40:5)고 예언했습니다. 기독교 역사를 보면 정말 그 예언대로 성령의 능력과 부흥이 점점 더 강하게 나타나고 있음을 알 수 있습니다.

예수님께서 부활하신 후 오순절이 되자 마가의 다락방에 모여 있던 120명의 제자에게 성령이 불같이 임했습니다. 오순절 성령강림을 요엘 2장 28~29절에 나오는 예언의 성취라고 말할 수 있으나, 엄밀히 말하면 예언 성취의 시작이라고 해야 합니다. 결코 모든 육체에 성령이 임했다고 말할 수 없기 때문입니다.

성령의 역사는 초대교회를 통해 강하게 퍼져나갔습니다. 그러나 기독교가 로마의 국교로 선포되고 교회가 권력과 조직에 의존하기 시작하자 한동안 성령의 역사는 나타나지 않았습니다.

교회의 역사에서 사라진 것처럼 보였던 성령의 역사는 종교개혁을 통해서 다시 불꽃이 일어났고, 18세기에는 존 웨슬리, 조지 휫필드, 조나단 에드워즈 등의 사역을 통해 미국과 영국에서 강력하게 나타났습니다. 그리고 1900년부터 10년 동안 전 세계적으로(미국, 인도, 유럽, 남미, 한국 등) 불길 같은 뜨거운 성령의 역사가 나타났고, 20세기의 성령운동은 전 세계의 부흥하는 모든 교회를 주도하고 있습니다.

지금의 청년들과 학생들은 우리가 이전에 경험하지 못한 엄청난 죄악의 풍조에 휩싸여 있습니다. 그런데 놀라운 것은 청년들

과 학생들이 우리가 이전에 경험하지 못한 강력한 성령 충만의
역사도 경험하고 있다는 사실입니다. 오늘날 교회의 청년들이 경
험하는 예배와 선교의 열기는 그 이전 어느 시대에서도 경험하지
못하였던 것입니다.

한번은 우리 교회 청년들이 거지순례전도를 마치고 돌아왔을 때
그들을 교회 현관에서 맞이한 적이 있습니다. 얼마나 고생을 했
는지 얼굴과 행색은 반 거지의 모습이었습니다. 그러나 그들의 눈
빛은 달랐습니다. 마치 시내 산에서 내려온 모세를 연상시키는
것 같았습니다. 그들의 말에는 힘이 있었습니다. 그중 한 청년이
금요철야기도회 때 간증하면서 이런 말을 했습니다.

"거지순례전도를 시작하고 하루가 지나니 집에서보다 더 잘
먹었다는 것은 더 이상 간증거리가 되지 않았습니다."

그들은 간증하면서 울었습니다. 눈물을 멈출 수가 없었습니다.
이 땅에 그리스도의 계절이 임하도록 함께 기도했습니다. 그것이
야말로 성령 충만함이었습니다. 거지순례전도가 무엇입니까? 오
직 하나님만 의지하고 살아보는 것입니다. 돈 한 푼 가지지 않고
오직 하나님만 의지하여 밥도 얻어먹고 잠잘 곳을 얻어 자면서
전도하는 것입니다.

어느 권사가 교회 홈페이지에 글을 올렸습니다.

"거지순례전도? 경험이 없는 나로서는 도저히 상상이 안 간다.
밥도 얻어먹고, 차도 얻어 타고, 잠자리도 구걸해야 한다. 그것도
도와주는 이들에게 주님을 전하기까지 해야 한다. 선물을 들고

전도를 나가도 쉽지가 않은데…"

그 주간 거지순례전도를 떠난 청년들을 위하여 기도하는데 주님이 제게 말씀하셨습니다. "너도 떠나라. 그 정신으로 살아라. 철저히 무소유, 무능력의 정신으로 하나님을 의지해라! 이것이 진정 능력의 길이다." 기도하면서 돌아보니 제가 가진 것이 너무 많았습니다. 무엇을 가지고 있는 것 자체가 문제는 아닙니다. 나 자신도 모르게 그것을 의지하는 것이 문제였습니다. 오직 하나님을 앙망하는 기도가 안 되는 것입니다.

거지순례전도 팀이 모여서 겪은 일을 나누는데, 이구동성으로 하는 말이 돈 떨어지는 그 순간부터 기도가 저절로 나오더라는 것입니다.


우리는 이처럼 성령께서만 역사하실 수 있는 일을 지금 경험하고 있습니다. 그러나 아무렇게나 살아서는 성령의 역사를 경험할 수 없습니다.

그동안 하나님처럼 의지하던 것을 다 끊어버리고 오직 하나님만 의지하고 살게 될 때 성령의 역사를 경험하게 됩니다. 이러한 역사가 오늘 전 세계 곳곳에서 일어나고 있습니다. 성령께서 모든 그리스도인들과 함께하시기 때문입니다.

하지만 성령의 역사를 전혀 경험하지 못하는 그리스도인들도 많습니다. 그들에게 부흥은 생소한 것입니다. 왜냐하면 성령의 충만을 받아야 한다는 성경의 권고를 무시하며, 성령에 대한 확신도 없고 순종도 없이 살아가기 때문입니다.

우리는 성령 충만함을 받으라는 명령을 항상 기억해야 합니다.

Q. 다음 질문을 읽고 답을 쓰세요.

**1. 사도행전 1:4에서 예수님께서 제자들에게 명령하신 것은 무엇입니까?**

예루살렘을 떠나지 말고 아버지의 약속하신 성령을 기다리라.

**사도행전 1:4**

사도와 함께 모이사 그들에게 분부하여 이르시되 예루살렘을 떠나지 말고 내게서 들은 바 아버지께서 약속하신 것을 기다리라

**2. 에베소서 5:18에서 사도 바울이 누구에게 성령 충만을 받으라고 말했습니까?**

에베소교회 성도들(이미 구원받은 성도들).

**에베소서 5:18**

술 취하지 말라 이는 방탕한 것이니 오직 성령으로 충만함을 받으라

예수님께서는 이미 예수님을 믿는 제자들에게 "아버지께서 약속하신 것을 기다리라."고 명령하셨습니다. 그리고 약속대로 제자들에게 성령을 충만하게 주셨습니다.

사도 바울도 이미 구원받은 에베소교회의 성도들에게 성령 충만을 받으라고 명령했습니다. 초대교회는 집사를 택할 때 반드시 성령 충만한 성도를 택했습니다(행 6:1~6).

1906년 미국 LA의 아주사 거리에 일어난 성령의 부흥이 미국의 영적 판도를 바꾸어 놓았습니다. 그렇지 않았다면 미국 교회도 유럽처럼 영적으로 말라비틀어진 껍데기뿐인 교회가 될 뻔했습니다.

유럽의 교회들은 성령의 역사를 보고도 거부했습니다. 20세

기 초에 웨일스와 스칸디나비아반도의 여러 나라 가운데 성령이 강하게 임하셨고 뜨거운 부흥운동이 일어났습니다. 하지만 당시 독일 교회 지도자들은 성령의 역사를 완강히 거부했습니다.

"우리는 성령과 관계된 어떤 것도 원하지 않는다!"

그 결과 교회는 쇠퇴하고 자유주의 신학의 온상이 되었습니다. 뿐만 아니라 1930년대 독일에서 나치당이 권력을 잡았을 때 그들의 배후에 적그리스도의 세력이 역사한다는 것을 알았음에도 맞서 싸우지 못했습니다. 그리스도의 몸된 교회가 마귀의 세력과 싸울 능력이 없었던 것입니다.

미국 교회는 유럽 교회의 전철을 밟을 뻔했지만 오히려 영적 부흥을 맞이할 수 있었습니다. 그 이면에는 성령 충만함과 부흥의 약속을 믿고 기도의 우물을 판 사람들이 있었기 때문입니다.

Q. 당신은 두 가지 부흥의 흐름 중에서 성령 충만의 흐름 속에 있다고 말할 수 있습니까?

--------------------------------------------------

--------------------------------------------------

--------------------------------------------------

--------------------------------------------------

--------------------------------------------------

여기에 심각한 오해가 있습니다.

성령 충만한 성도와 죄악 충만한 사람들 사이에 중간이 있을 것이라고 생각을 하는 것입니다. 그래서 '나는 성령 충만하지는 않지만 죄악 충만하지도 않다.'라고 생각합니다. 아닙니다. 하나님 앞에 가면 하나님 우편이냐 좌편이냐 둘 중의 하나이지 중간 자리는 없습니다. 그러므로 자신이 성령 충만하다고 말할 수 없다면 심각한 것입니다.

# 02

# 성령의 능력에 대한 약속

오직 성령이 너희에게 임하시면 너희가 권능을 받고 예루살렘과 온 유대와
사마리아와 땅 끝까지 이르러 내 증인이 되리라 하시니라

사도행전 1장 8절

**2과 핵심요약**

❶ 성령 충만은 성도에게 능력을 준다.

❷ 성령 충만을 받으면 죄와 마귀와 세상과 자아에 대하여 승리할 수 있는 힘이 생긴다.

❸ 성령 충만을 받으면 의심이 사라지고 확신이 생기며, 전도하게 되고 기도하게 되며 원수도 사랑하게 되며 하나님 나라와 교회를 위해 봉사할 능력을 얻게 된다.

**요한복음 4:13-14**

13 예수께서 대답하여 이르시되 이 물을 마시는 자마다 다시 목마르려니와 14 내가 주는 물을 마시는 자는 영원히 목마르지 아니하리니 내가 주는 물은 그 속에서 영생하도록 솟아나는 샘물이 되리라

예수님께서는 요한복음에서 우리에게 부어주실 성령의 역사를 두 가지 물로 비유하여 설명하셨습니다.

Q. 요한복음 4:13-14에서는 성령의 역사를 무엇에 비유했습니까?

샘물.

목말라 죽어가는 사람이 샘물을 마시고 소생하듯이 누구든지 예수님을 구주로 영접하면 속죄의 은총을 받아 새 생명을 얻고 하나님의 자녀로 거듭나게 됩니다. 이것이 샘물과 같은 성령의 역사, 곧 생명의 역사입니다. 성령이 우리 안에 오신 것입니다.

Q. 당신 안에는 생명의 역사가 분명하게 일어났습니까? 그 증거는 무엇
   인지 써보세요.

_____

_____

_____

_____

_____


Q. 요한복음 7:37-38에서는 성령의 역사를 무엇에 비유했습니까?
   생수의 강.

_____

_____

**요한복음 7:37-38**

**37**명절 끝날 곧 큰 날에 예수께
서 서서 외쳐 이르시되 누구든
지 목마르거든 내게로 와서 마
시라 **38**나를 믿는 자는 성경에
이름과 같이 그 배에서 생수의
강이 흘러나오리라 하시니

요한복음 7장을 보면 예수님께서는 성령의 역사를 강에 비유
하셨습니다. '샘물'과 '강'은 물이라는 면에서는 다를 것이 없습니
다. 그러나 분량과 역사하는 차원에서는 엄청난 차이가 있습니다.
목마름을 해결하고 생명을 얻기 위해서는 시원한 샘물만 있으면
됩니다. 반면에 강은 동·식물과 바다까지 소생시키고 도시의 사
람들이 필요한 물을 공급합니다. 그래서 큰 강이 있는 곳에 도시
가 서고 나라가 세워지는 것입니다.

예수님께서 강에 대하여 말씀하신 뜻은 강 같은 은혜의 역사,
곧 성령의 충만한 역사를 말씀하는 것입니다. 곧 도시가 소생하
고 민족이 부흥되는 역사가 일어나리라는 것입니다.

몇 년 전 새해 교회 표어를 정하기 위해 기도원을 찾아가 기도하는데 요한복음 7장 38절의 "생수의 강이 흘러나오리라"는 말씀을 받았습니다. 교회 표어를 "하나님의 은혜가 강같이 흐르는 교회"라고 정하고 너무 좋아서 흥분했습니다. 그러고 나서 그 말씀을 깊이 묵상하는 중에 '큰일 났다.' 하는 생각이 들었습니다. "교우들이 들으면 어떻게 생각할까? 웃지나 않을까? 교회의 여러 가지 크고 작은 일들도 해결하지 못하고 허덕이면서 표어만 거창하게 세워놓은 것은 아닌가?" 하는 고민을 하게 되었습니다.

기도원에서 무거운 마음으로 교회로 돌아오는데 차 안에서 하나님께서 갑자기 깨닫게 하신 것이 있었습니다. 마가다락방에 있었던 120명의 제자에 관한 것이었습니다. 그들은 온 아시아와 유럽에 복음을 전했고, 로마를 변화시켜 전 세계로 복음을 전하는 발판이 되었습니다.

'그렇다면 우리 교인들이 120명보다 적은가? 초대교회 교인들은 우리보다 더 능력이 많았을까?' 예배당 건물만 놓고 보아도 마가다락방보다는 큰 것이 분명했습니다. 여기까지 생각이 미치자 저는 차를 멈추고 "주여, 저의 불신앙을 용서하여 주옵소서!"라고 기도할 수밖에 없었습니다. "너는 왜 자꾸 너 자신을 보며 작다고 하느냐?"라는 책망을 들었기 때문입니다.

역사는 하나님께 달려 있습니다. 하나님은 도시와 민족의 문제가 나와 교회를 통하여 해결된다고 말씀하십니다.

**그리스도인들은 성령 충만을 받을 때 능력을 받습니다.**

오직 성령이 너희에게 임하시면 너희가 권능을 받고

예루살렘과 온 유대와 사마리아와 땅 끝까지 이르러 내 증인이

되리라 하시니라 행 1:8

예수님께서는 성령이 임하시면 권능을 받을 것이라고 말씀하셨습니다. 물론 생명을 얻는 것이 능력을 얻는 것보다 더 중요하다고 할 수 있습니다. 그러나 그리스도인은 생명을 얻는 것에 만족해서는 안 됩니다. 왜냐하면 생명만 있고 능력은 없다면 아무것도 할 수 없는 갓난아이와 같기 때문입니다. 그리스도인으로서 능력 있는 삶을 살기 위해서는 반드시 성령께서 주시는 능력이 필요합니다.

안타깝게도 복음을 전하기는커녕 자기가 그리스도인임을 밝히는 것조차 주저하는 그리스도인이 많습니다. 자유롭지 못할 것 같고 불이익을 당할 것 같고, 논쟁에 휩싸일 것 같고, 너무 튀는 것은 아닐까 걱정합니다. 이것이 성령 충만함을 받지 못한 성도의 전형적인 현상입니다.

어느 성도가 한동안 직장 식당에서 식사기도를 할 자신이 없어서 점심식사 전에 화장실에서 감사기도를 하고 식사를 했다고 고백했습니다. 사람들의 시선과 비판이 의식되었기 때문입니다. 성령 충만 없이는 식사기도조차 제대로 못하고 삽니다.

복음서의 제자들과 사도행전의 제자들은 같은 사람들이지만

분명한 차이가 있습니다. 복음서의 제자들은 3년 동안 예수님과 동행하고도 예수님을 배반했습니다. 그러나 예수님의 부활 승천 이후 오순절에 성령께서 임하시자 그들은 완전히 달라졌습니다. 순교도 두려워하지 않고 부활의 주님을 증거 하는 자가 되었습니다. 성령의 권능을 힘입었기 때문입니다. 성령 충만을 받으면 어떤 능력이 생길까요?

## 1. 성령 충만을 받으면 승리할 수 있는 힘이 생깁니다

1) 죄에 대해 승리할 수 있습니다(요일 5:18).

2) 마귀에 대해 승리할 수 있습니다(행 10:38).

3) 세상에 대해 승리할 수 있습니다(요 16:33).

4) 자아에 대해 승리할 수 있습니다(갈 2:20).

## 2. 성령 충만을 받으면 새로운 능력이 부어집니다

1) 의심이 사라지고 믿음의 확신이 생깁니다(롬 8:38~39).

2) 예수님을 증거 하는 전도의 능력을 받게 됩니다(행 4:31).

3) 기도의 능력을 받습니다(고전 14:15).

4) 원수도 사랑할 수 있는 힘이 생깁니다(행 7:55~60).

5) 하나님 나라와 교회를 위해 봉사할 능력을 얻게 됩니다 (고전 12:6~11).

성령 충만을 받으면 하나님을 알게 되고 마음에 새 힘을 얻습니다. 새로운 삶과 비전을 바라보게 되고 삶의 의미와 목적이 달라집니다. 자아를 추구하던 삶이 하나님을 추구하는 삶으로 바꿉니다. 성령 충만을 받으면 다른 사람과 더불어 사랑하고 연합하게 됩니다. 예수 그리스도의 복음을 증거 하고자 하는 열정이 생기고, 복음 증거의 능력을 받습니다. 그리고 이것을 통해 복음 전파의 문이 열려 교회 공동체가 부흥하게 됩니다.

성령이 임하기 전인 1907년, 한국 교회는 영적으로 황폐하였습니다. 하디(Robert A. Hardie) 선교사의 기록에 의하면 그는 한국 교회를 순회하고 돌아온 날은 가슴을 치며 기도했다고 합니다.

복음을 듣고 예수를 믿어도 신자들은 주일예배에 잘 참석하지 않았고, 성적으로 방종했습니다. 또한 공금을 횡령하는 일도 많았습니다. 어떤 집회소에서는 사람들이 모여서 무당굿을 하려고 준비하고 있었습니다. 특히 교인들끼리 다툼이 심했습니다. 그래서 하디 선교사는 이들에게 성찬을 금했고 심한 경우에는 교회에서 제명하기도 했습니다.

그런데 성령이 임하고 달라졌습니다. 사이가 나빴던 선교사와 한국 교회 지도자들이 회개하며 하나가 되었습니다. 교인들끼리 서로를 미워한 것을 가슴을 치며 통곡하고 회개하였습니다.

교인들 중에 며느리를 미워했던 시어머니는 며느리에게 용서를 빌고, 시어머니를 미워했던 며느리는 시어머니에게 용서를 빌었습니다. 돈을 빌리고 안 갚던 사람이 당장 돈을 마련하여 빌린 돈을 돌려주며 용서를 빌었습니다. 그야말로 성령의 역사로만 되는 일입니다.

Q. 당신은 성령의 충만함으로 어떻게 변화되기를 원합니까?

----------------------------------------

----------------------------------------

----------------------------------------

----------------------------------------

----------------------------------------

----------------------------------------

# 03

# 구하는 자에게 주시는 성령

너희가 악할지라도 좋은 것을 자식에게 줄 줄 알거든
하물며 너희 하늘 아버지께서 구하는 자에게
성령을 주시지 않겠느냐 하시니라

누가복음 11장 13절

**3과 핵심요약**

❶ 하나님은 모든 그리스도인에게 성령 충만 주시기를 간절히 원하신다.

❷ 성령 충만을 받기 위해서는 성령 충만의 약속을 진정으로 믿고 구해야 한다.

❸ '구한다'는 것은 예수님의 말씀을 끝까지 믿고 그 약속을 끝까지 붙드는 것이다.

❹ 성령 충만을 간구하는 것은 오직 예수님 한분만을 구하는 것이다.

그리스도인이라면 누구나 성령을 충만히 받아야 합니다. 그러나 많은 그리스도인이 성령 충만함을 받지 못한 채 답답한 신앙생활을 하고 있습니다. 성령 충만함에 관해 오해하는 것 중의 하나가 나는 성령 충만함을 원하는데 하나님께서 그것을 주시지 않는다고 생각하는 것입니다. 그러나 하나님께서는 모든 그리스도인에게 성령 충만을 주시기를 간절히 원하십니다.

그러면 어떻게 성령 충만을 받을 수 있을까요? 성령의 충만함이란 성령의 주권 아래서 되는 일이지만, 성경을 보면 성령 충만을 받기 위해 우리가 해야 할 중요한 두 가지 조건이 있음을 알 수 있습니다.

첫 번째는 성령 충만의 약속을 믿고 간절히 구해야 합니다.

Q. 누가복음 11:13에서 어떤 사람에게 성령을 주시겠다고 했습니까?

구하는 자에게.

누가복음 11:13
너희가 악할지라도 좋은 것을
자식에게 줄 줄 알거든 하물며
너희 하늘 아버지께서 구하는
자에게 성령을 주시지 않겠느
냐 하시니라

부산에서 목회할 때 저는 교인들과 함께 성령 충만을 위해 기도 했습니다. 온 교인이 마음을 모아 성령 충만을 구하고 있으니 곧 하나님께서 우리 교회에 성령의 역사를 넘치도록 일으켜 주시리 라 기대했습니다. 교회에 변화가 없는 것은 아니었지만 제 마음 은 여전히 답답했습니다. 저는 간절한 마음으로 하나님께 기도했 습니다.

"하나님, 모든 성도가 한마음으로 그토록 간구하는데 왜 성령 충만의 은혜를 주지 않으십니까?"

그런데 하나님의 응답은 "너희가 구하지 않는다!"는 것이었습 니다. 분명히 모든 교인이 성령 충만함을 간구하는 것 같은데 주 님은 아니라고 하시니 이해가 되지 않았습니다.

얼마 후, 전심으로 성령 충만을 간구하는 것이 어떤 것인지 깨 닫게 하는 일이 생겼습니다. IMF 사태로 온 나라가 어려울 때, 교회에서 저녁마다 모여 나라와 교회를 위해 기도하는 모임을 갖 게 되었습니다. 어느 날 간절히 부르짖으며 기도회를 인도하고 있 을 때 평상시에 잘 나오지 않던 한 남자 집사님이 눈에 띄었습니 다. 그 집사님까지 기도회에 나와서 저렇게 열심히 기도할 정도면 우리나라가 지금은 어렵지만 소망이 있다는 생각이 들었을 정도 였습니다.

그런데 다음 날 그 집사님에게 전화가 걸려왔습니다.

"목사님, 융자가 나왔어요!"

기뻐서 흥분한 목소리가 수화기를 타고 들려왔습니다. 처음에는 무슨 영문인지 몰라 잠시 어리둥절했지만 곧 그의 설명을 듣고 상황이 이해가 되었습니다. 전 재산을 투자해서 벌인 사업의 마지막 잔금을 치러야 하는 날인데, 융자가 나오기로 했던 은행에서 IMF 사태로 인하여 융자를 내줄 수 없다고 했다는 것입니다. 여러 은행을 찾아다니며 대출을 신청했지만 번번이 거절당하고 마지막으로 들른 은행에서 '내일 다시 와보라.'는 대답을 들었다고 합니다. 결국 기운 없이 교회 앞을 지나가다가 마침 기도회가 열리는 것을 보고 자기도 모르게 예배당 안에 들어와 앉았는데, 자신의 문제가 너무 시급했기 때문에 뒷자리에 앉자마자 교회를 위해 기도할 때도, 나라를 위해 기도할 때도, 환자들을 위해 기도할 때도 그는 계속 융자 받을 수 있게 해달라는 기도만 했다는 것입니다. 그런데 그토록 바라던 융자가 나왔다며 기쁜 마음에 전화를 걸어온 것입니다.

저는 그 집사의 말을 들으면서 문제가 해결되어 하나님께 감사하기도 했지만, 온통 대출만을 위해서 기도했다는 사실에 씁쓸한 생각도 들었습니다. 전화를 끊고 일어서려는데 갑자기 성령께서 제 마음에 말씀하셨습니다.

"너, 이제 구한다는 것이 어떤 것인지 알겠느냐?"

만약에 어떤 사람이 병원에서 암이라는 진단을 받았다고 합시다. 그러면 기도할 때마다 "암을 고쳐주세요!" 식사기도할 때도 "암을 고쳐주세요!" 하지 않겠습니까? 너무 절박하니까 모든 상황 가운데 간구할 것입니다.

우리가 이처럼 성령이 우리 안에 오시기를 구하면 누구에게나 성령이 임하십니다. 성령의 역사가 없는 것은 그가 진심으로 성령을 원하지 않기 때문입니다.

성령 충만함의 핵심은 예수님께서 우리 마음에 오셔서 주님이 되는 것을 말합니다. 예수님께서 우리 안에 계시면서 우리의 삶을 주관하시고 이끌어주시는 것이 성령 충만의 핵심입니다. 문제는 우리가 진심으로 '예수님이 내 안에 오셔서 주님이 되어주실 것을 갈망하느냐' 하는 것입니다.

누군가 당신 집에 와서 같이 산다고 생각해봅시다. 보통 신경쓰이는 일이 아닐 것입니다. 함부로 행동하거나 화를 낼 수도 없을 것입니다. 그렇다면 예수님께서 마음에 오시는 것은 어떻습니까? 예수님을 정말 마음에 주님으로 모시기를 원한다면 자기 마음대로 살 생각은 포기해야 합니다. 내 감정, 내 생각, 내 의지대로 사는 것을 끝내고 주님이 기뻐하시는 대로 살아야 합니다. 당신은 이런 대가를 치른다고 해도 성령 충만함을 구하시겠습니까?

제가 신학교 1학년 때 미성년자 관람불가 영화를 처음 보았습니다. 고등학교 때까지는 보지 못했지만 대학생이 되었다고 생각하니까 제일 해보고 싶은 것이 미성년자 관람불가 영화를 보는 것이었습니다. 영화를 보고 난 다음에 너무 죄책감이 들었습니다. 그리고 '나 같은 놈은 버스 탈 자격도 없어!'라는 생각이 들어 나 자신에게 벌을 주는 의미로 버스도 타지 않고 학교 기숙사까지 걸어갔습니다.

그러나 여전히 하나님 앞에서 잘못했다는 생각이 들어 학교 채플실에 들어가 회개의 기도를 드렸습니다.

"하나님, 잘못했습니다. 제가 보지 말아야 될 영화를 본 것 같습니다."

회개는 했지만 마음이 시원치 않았습니다. 하나님께서 "너 다시는 그런 영화 보지 않겠다고 약속할 수 있겠느냐?" 이렇게 물으시는 것 같았습니다. 하지만 "예!"라고 고백하기가 어려웠습니다. 아무리 신학생이고 목회자가 될 것이지만 그런 영화를 전혀 볼 수 없다고 하면 낙이 없을 것 같았기 때문입니다. 한 시간 동안 끙끙대다가 결국 "하나님, 죄송해요!" 이렇게밖에 기도하지 못했습니다.

지금 생각하면 너무 부끄럽고 한심한 일이지만 그것이 당시 제 영적 실상이었습니다. 내 마음에 정말 예수님을 모시고 싶은 생각이 없었기에 성령 충만을 경험할 수 없었던 것입니다.

많은 그리스도인이 성령 충만함을 갈망한다고 말합니다. 그러나 정직하게 말하면 성령께서 행하시는 은사나 능력, 체험을 구하는 것이지 성령 그분을 구하는 것이 아닙니다. 예수님을 이용해 무엇을 얻고 이루고자 하는 것이지 예수님 자신을 원하는 것이 아닙니다. 이처럼 우리가 실패, 낙심, 좌절을 경험하는 이유가 거기에 있다는 사실을 아는 사람은 많지 않습니다.

많은 사람이 예수님을 영접했다고 하면서 자기 마음대로 삽니다. 여전히 내 감정, 내 생각, 내 의지대로 삽니다. 예수님을 외면하고 사는 것입니다.

만약 당신이 다른 사람에게 무시당하거나 거절당한 적이 있었다면 그때 느낌이 어떠셨습니까? 그것이 지금 예수님께서 우리 안에서 겪고 계신 일입니다. 회개할 것이 많지만 예수님을 무시하고 거절한 것보다 더 중요한 회개의 제목은 없습니다.

Q. 사도행전 1:12-14에서 제자들은 마가다락방에서 어떤 모습으로 성령 충만을 기다렸습니까?

마음을 같이하여 오로지 기도에 힘씀으로.

제자들은 주님이 약속하신 성령을 받기 위해 기다리며 기도했습니다. 그런데 하루, 이틀이 되어도 아무 일도 일어나지 않았습니다. 3일, 4일이 되어도 아무 일도 일어나지 않았습니다. 이 정도면 어지간한 사람이면 더 기다리지 않았을 것입니다. 5일, 6일, 7일이 지났을 때, 누가 남아 있겠습니까? 그러나 120명은 끝까지 기다렸습니다.

제자들은 능력을 구한 것이 아닙니다. 주님께서 약속하신 성령, 그분을 원했습니다. 그들은 약속하신 성령을 충만하게 부어주실

사도행전 1:12-14

12제자들이 감람원이라 하는 산으로부터 예루살렘에 돌아오니 이 산은 예루살렘에서 가까워 안식일에 가기 알맞은 길이라 13들어가 그들이 유하는 다락방으로 올라가니 베드로, 요한, 야고보, 안드레와 빌립, 도마와 바돌로매, 마태와 및 알패오의 아들 야고보, 셀롯인 시몬, 야고보의 아들 유다가 다 거기 있어 14여자들과 예수의 어머니 마리아와 예수의 아우들과 더불어 마음을 같이하여 오로지 기도에 힘쓰더라

때까지 기다리며 간구했습니다. 그들은 결국 열흘째 되는 날, 오 순절에 강력한 성령의 충만함을 받았습니다. 성령 충만이 임하자 그들은 권능을 받고 세상을 뒤집어놓는 강력한 사역을 할 수 있었습니다.

Q. 당신은 정말 성령 충만을 구합니까? 지금까지 성령 충만을 구했다면 무엇을 위하여 구했습니까?

# 04

# 순종하는 자에게 주시는 성령

우리는 이 일에 증인이요 하나님이 자기에게
순종하는 사람들에게 주신 성령도 그러하니라 하더라
사도행전 5장 32절

**4과 핵심요약**

❶ 하나님께서는 순종하는 사람에게 성령 충만을 주신다.

❷ 성령 충만은 하나님께 완전히 복종하고자 하는 결심 위에 부어 주시는 하나님의 응답이다.

❸ 성령께 순종한다는 것은 순종하기 어려운 것을 명하실 때 순종하는 것이다.

❹ 자신을 쳐서 복종하는 마음으로 순종할 때 성령 충만이 온다.

성령 충만을 받기 위한 조건 두 번째는 성령께 완전히 순종해야 합니다.

많은 성도가 성령 충만을 자기 의지와는 상관없이 성령께 사로잡혀 무아지경(無我地境)의 상태에서 은사나 능력을 발휘하는 것이라고 생각합니다. 자기 자신은 아무것도 하지 않고 성령에 의해 저절로 모든 것을 하게 되기를 기대하는 것입니다. 그러나 이것은 성령 충만함에 대한 오해입니다.

**사도행전 5:32**

우리는 이 일에 증인이요 하나님이 자기에게 순종하는 사람들에게 주신 성령도 그러하니라 하더라

Q. 사도행전 5:32에서 어떤 사람에게 성령을 주신다고 하셨습니까?

하나님께 순종하는 사람들.

성령 충만의 증거는 어떤 체험으로 분별하는 것이 아니라, 하나님께 완전히 순종하고자 하는 마음의 상태로 분별해야 합니다. 당신은 하나님께서 어떤 길로 인도하시든, 어떤 것을 명령하시든 순종하겠습니까? 이 질문에 기쁨으로 "아멘!" 할 수 있는 사람이 성령 충만한 사람입니다.

많은 그리스도인이 성령께 완전히 순종하는 것을 두려워합니다. 힘든 일이라고 생각합니다. 그러한 이유로 성령 충만을 받지 못하는 것입니다. 우리는 성령 충만 받는 것이 어려운 일이라고 생각하는데 사실은 '하나님께 완전히 순종하겠습니다.' 하는 결심이 어려운 것입니다.

성령께서는 우리 안에 계시면서 우리를 통해 강 같은 은혜의 역사를 이루시기를 원하십니다. 그런데 왜 우리 삶에는 그와 같은 역사가 일어나지 않습니까? 은혜의 강을 막고 있는 고집과 불순종이라는 둑 때문입니다. 어떻게 이 둑이 터질 수 있습니까? 우리의 자아가 죽어야 이 둑이 터집니다.

> 내가 그리스도와 함께 십자가에 못 박혔나니 그런즉 이제는 내가 사는
> 것이 아니요 오직 내 안에 그리스도께서 사시는 것이라 갈 2:20

사도 바울은 그리스도 안에서 이미 죽은 자라고 고백했습니다. 그가 자신을 그리스도 안에서 죽은 자로 고백했을 때 고집과 불순종 역시 죽었습니다. 이것이 성령께서 사도 바울을 통하여 강 같은 은혜의 역사를 이루실 수 있었던 이유입니다.

캐나다나 미국에 가서 집회를 인도할 때 교인들의 경제적인 여건은 매우 좋지만 신앙적으로는 침체된 경우를 많이 보았습니다. 그들은 침체의 원인을 알지 못한 채 지쳐 있었습니다. 저는 집회를 인도하면서 성도들에게 이렇게 질문했습니다.

"하나님께서 무엇을 명령하시든지 그대로 순종할 각오가 되어 있습니까?"

어느 집회에서나 "아멘!" 하는 이는 몇 사람뿐이었습니다. 순종에 문제가 있는 것입니다. 순종이 없으니 하나님을 만난 간증도 없는 것입니다. 그들이 신앙적으로 침체된 이유입니다.

하나님께 완전히 순종하는 것은 우리 힘으로 할 수 없는 일입니다. 하나님께서 힘을 주시지 않으면 하나님께 완전히 순종하는 것은 불가능한 일입니다. 하나님께 완전히 순종하고 싶은 소원이 없는 사람에게는 하나님께서도 순종할 힘을 주시지 않는다는 것입니다.

성령 충만은 하나님께 완전히 복종하고자 하는 결심 위에 부어주시는 하나님의 응답입니다. 그때 우리는 하나님의 능력으로 하나님께 완전히 순종하게 됩니다.

예를 들어 자신의 힘으로는 용서할 수도 사랑할 수도 없는 사람이 있습니다. 그럴 때 "나는 용서할 수 없어요. 사랑할 수 없어요." 하는 것과 "하나님, 용서하고 싶습니다. 제게 용서할 힘을 주시고 사랑할 힘을 주세요!" 하는 것은 전혀 다른 문제입니다.

한 성도가 이혼을 결심하고 상담을 요청했습니다. 이혼은 안 된다고 아무리 설득을 해도 진전이 없어서 근본적인 질문을 했습니다.

"성도님은 하나님이 명령하시면 무조건 순종하시겠습니까?"

그 성도는 머리만 숙인 채 끝까지 대답이 없었습니다. 결국 성령께서도 그 부부를 하나 되게 하실 수 없었습니다. 순종의 결단이 없었기 때문입니다.

Q. 당신은 하나님께서 무엇을 하라고 하시든지 순종할 결단이 섰습니까?

-------------------------------------------------------------

-------------------------------------------------------------

-------------------------------------------------------------

성령께서 인도하시는 대로 완전히 순종한다는 것은 무엇입니까? 순종하기 어려운 것을 명령하실 때 순종해야 합니다.

"하나님께 순종하셨습니까?"라고 묻는다면 어떤 사람은 "네. 순종했습니다."라고 말할지도 모릅니다. 그러나 순종을 해본 적이 있느냐고 묻는 것이 아니라 온전히 순종했느냐를 묻는 것입니다.

Q. 어느 종이 주인에게 받은 10가지 지시 중에서 9가지를 순종하고 1가지는 순종하지 않았다면 그 종은 순종한 종입니까 불순종한 종입니까? 당신 같으면 그 사람을 계속 고용해서 일하게 하겠습니까?

불순종한 종.
-------------------------------------------------------------

-------------------------------------------------------------

사람들은 하나님 말씀에 완전히 순종하는 것을 두려워합니다. 말씀대로 순종하며 살다가 실패하고 고난 당하게 될 것을 두려워합니다. 그 실패와 고난이 두려워서 완전히 순종하지 못합니다. 결국 하나님을 믿지 못하는 불신앙인 두려움이 성령 충만을 가로막는 가장 큰 장애물인 것입니다.

둘째 딸이 다섯 살 때 저는 〈콩쥐와 팥쥐〉 이야기를 들려주면서 "너는 콩쥐가 되고 싶니? 팥쥐가 되고 싶니?"라고 물었습니다. 딸아이가 한참을 고민하더니 "팥쥐가 되고 싶어요."라고 말해서 깜짝 놀랐습니다. 콩쥐가 얼굴이 더 예쁘고 나중에 복을 받았지만 지금 당장 엄마의 사랑을 듬뿍 받고 편하게 지낸 것은 팥쥐라고 말하는 것이었습니다.

딸아이의 말을 듣고 교인들에게 '거지 나사로가 되고 싶습니까? 부자가 되고 싶습니까?'라고 물으면 어떤 반응을 보일까 하는 생각이 들었습니다. 세상에서는 부자, 천국에서는 나사로로 살고 싶다고 할지도 모를 일입니다.

예수님께서는 우리를 구원하시기 위하여 고난을 받으셨습니다. 예수님께서는 십자가의 길을 걸으시면서 감당하기 어려운 고난을 받으셨습니다. 우리 같으면 그 고난을 피하려고 했을 것입니다. 그러나 예수님께서는 고난을 피하지 않으시고 오히려 그 고난을 통해 순종을 배우셨습니다(히 5:7~9).

예수님은 겟세마네에서 이렇게 기도하셨습니다.

이르시되 아버지여 만일 아버지의 뜻이거든 이 잔을 내게서

옮기시옵소서 그러나 내 원대로 마시옵고 아버지의 원대로 되기를

원하나이다 하시니 눅 22:42

성령 충만하면 순종하는 것이 힘들지 않습니다. 그러나 자신을 쳐서 복종하는 마음으로 순종할 때 성령 충만이 온다는 사실도 깨달아야 합니다. 성령 충만하면 전도하게 됩니다. 반대로 전도하다가 성령을 충만히 받을 때도 많습니다. 성령 충만하면 찬양하게 됩니다. 반대로 순종함으로 찬양하다가 성령 충만을 경험할 때도 많습니다.

어떤 성도가 전도하기 위하여 성령 충만을 구했지만 성령 충만이 임하지 않는다고 했습니다. 문제는 성령 충만을 구하면서 전도 현장에 나가지 않고 계속하여 성령으로 충만해지기만을 구하는 것이었습니다. 순종하지 않고 구하기만 하는 기도를 하나님께서 진실하다고 생각하시겠습니까?

한국 예수전도단의 설립자 오대원 선교사가 1972년 서울공과대학 앞에서 서울공대 학생들에게 전도할 때 일입니다. 다섯 명 정도 모여서 성경공부와 찬양모임을 가졌는데, 점점 모이는 인원이 늘어났습니다. 그들은 사도행전의 사도들처럼 자신들도 성령 안에 충만하게 살 수 있게 해달라고 기도하였습니다. 그때 기도와 말씀을 나누는 중에 나가서 전도하라는 강한 도전을 받았습니

다. 그들은 전도하기 위해 명동으로 갔습니다. 명동에는 다방이 많이 있었는데, 60~70명은 주님께서 시키시는 대로 각 다방마다 다녔습니다. 믿지 않는 친구들을 만나는 게 힘들었지만 열심히 전도했습니다. 그러고는 다시 집으로 돌아와 기도하였을 때 모두 강한 성령 충만함을 받았습니다. 얼마 후에는 다른 나라에 나가서 세계 선교를 하게 되리라는 확신도 주셨습니다. 70년대에는 비자도 여권도 안 나오는 시기였으나 그날이 올 것을 말씀을 통해 보여주셨습니다.

Q. 당신에게는 어렵지만 순종해야 한다고 하시는 하나님의 음성이 있습니까?

---------------------------------------------------------------

---------------------------------------------------------------

---------------------------------------------------------------

---------------------------------------------------------------

---------------------------------------------------------------

# 05

# 성령 충만과
# 완전한 순종

나는 포도나무요 너희는 가지니라 그가 내 안에, 내가 그 안에 거하면
사람이 열매를 많이 맺나니 나를 떠나서는 너희가 아무 것도 할 수 없음이라

요한복음 15장 5절

## 5과 핵심요약

❶ 성령 충만의 증거는 하나님 께 완전히 복종하고자 하는 마음 상태로 분별할 수 있 다.

❷ 하나님께 자신을 온전히 드 린 자가 성령 충만한 사람이 다.

❸ 하나님께서는 우리 스스로 우리 마음을 하나님께 드려 순종하기를 원하신다.

❹ 완전한 순종이란 예수님과 의 완전한 연합이다.

성령 충만을 받으려면 성령께 완전히 순종해야 합니다. 성령께 완 전히 순종한다는 것은 성령께서 순종하기 어려운 것을 명령하실 때도 순종해야 한다는 것입니다. 성령께 이처럼 완전히 순종하려 면 하나님께 모든 것을 다 드릴 수 있어야 합니다.

Q. 당신이 가지고 있는 지갑, 통장, 집문서 등은 모두 누구의 것입니까?

.................................................................................................

.................................................................................................

많은 성도가 "나의 모든 것이 하나님의 것입니다."라고 고백하 기를 두려워합니다. 다 내어놓아야 할 것 같기 때문입니다. 하나 님께서 내가 가지고 있는 것을 빼앗아 가실 것이라고 생각합니다.

그러나 생각해보십시오. 하나님께서는 우리를 위하여 독생자를 주시기까지 하셨습니다. 그런 하나님께서 우리에게 무엇을 바치라고 하실 때는 그것을 빼앗아 가시겠다는 뜻이 아니라, 우리에게 새로운 복을 주시고 우리의 인생을 아름다운 인생으로 만들어 주시기 위한 것입니다.

하나님을 좋으신 하나님이라고 믿습니까? 많은 사람이 하나님을 좋으신 하나님이라고 믿는다고 대답하지만 실제로는 까다롭고 인색한 하나님으로 생각합니다. '하나님은 왜 나에게만 이렇게 까다로우신가? 하나님은 왜 나에게만 이렇게 인색하신가? 하나님은 왜 나에게만 이렇게 어려운 일을 주시나?' 하는 느낌을 가지고 있습니다. 좋으신 하나님을 믿는다고 하지만 실제로는 하나님의 사랑을 의심하고 있습니다. 그래서 완전한 순종이 두렵게 느껴지는 것입니다.

하나님께서는 우리의 허락 없이도 모든 것을 가져가실 수 있습니다. 우리의 생명이나 건강, 재산 등 모든 것이 하나님의 것이므로 우리의 동의 없이 모두 다 가져가실 수 있습니다. 그러나 하나님께서도 마음대로 못하시는 것이 우리 마음입니다. 우리의 마음만큼은 우리가 하나님께 자발적으로 드려야 하나님이 받으실 수 있습니다.

어떤 때는 우리 마음조차 하나님의 마음대로 하셨으면 할 때가 있습니다. 하나님께서 기도하고 싶고, 전도하고 싶고, 죄짓지 않도록 만들어 놓으시면 좋겠다는 생각을 할 때도 있습니다. 그러나 하나님께서는 절대로 그렇게 하지 않으십니다. 하나님께서는 우리 스스로 우리 마음을 하나님께 드려 순종하기를 원하시기 때문입니다.

창세기 22:1-2

¹그 일 후에 하나님이 아브라함을 시험하시려고 그를 부르시되 아브라함아 하시니 그가 이르되 내가 여기 있나이다 ² 여호와께서 이르시되 네 아들 네 사랑하는 독자 이삭을 데리고 모리아 땅으로 가서 내가 네게 일러 준 한 산 거기서 그를 번제로 드리라

**Q. 창세기 22:1-2에서 하나님은 아브라함에게 왜 독자 이삭을 바치라고 하셨습니까?**

아브라함의 마음을 원하셨기 때문에.

하나님께서는 우리 마음을 원하십니다. 아브라함에게 이삭을 바치라고 하신 것도 아브라함의 마음을 원하셨기 때문입니다. 정말 데려가실 것이면 그냥 데려가시지 왜 바치라고 하시는 것입니까? 마음으로부터 우러나오는 순종을 원하시기 때문입니다.

많은 그리스도인이 완전한 순종을 부담스러워합니다. 그러나 완전한 순종이 부담스럽다는 것은 엄밀히 말해 우리 마음에 마귀의 지배를 스스로 불러들이는 것입니다. 예수님의 왕 되심을 거절하면 우리 마음은 진공 상태가 되는 것이 아니라 곧바로 마귀의 영향 아래 놓이게 됩니다. 그렇게 되면 마귀가 우리 마음을 휘저어 염려, 두려움, 낙심, 은밀한 죄에 빠지게 만듭니다. 그럴 때 우리가 할 수 있는 일은 하나밖에 없습니다. 예수님께서 내 마음에 왕 되심을 선포하는 것입니다.

"예수님은 내 마음의 왕이십니다. 저는 예수님께만 순종하겠습

니다."

이렇게 고백하면 예수님께서 지켜주십니다.

우리가 완전히 순종한다는 것은 예수님과 결혼하는 것을 의미합니다. 결혼을 생각해보세요. 결혼서약이 무엇을 의미합니까? 서로에게 완전한 순종을 요구하고 그 약속을 기쁘게 받아들이는 것입니다. 우리가 불완전한 사람들이지만 서로에 대한 완전한 헌신과 순종을 약속하고 결혼을 합니다. 그런데 왜 완전하신 예수님께서 프러포즈 할 때에는 그렇게 두려워합니까? 완전한 순종의 복을 바라보는 영적인 눈이 열리지 않았기 때문입니다.

나는 포도나무요 너희는 가지라 그가 내 안에,

내가 그 안에 거하면 사람이 열매를 많이 맺나니 나를 떠나서는

너희가 아무 것도 할 수 없음이라 요 15:5

완전한 순종은 예수님과의 완전한 연합을 의미합니다. 이제 예수님이 나의 모든 것이 되시고, 내가 예수님의 모든 것이 되는 것입니다. 이것이 얼마나 놀라운 복입니까? 예수님과 온전히 하나가 되면 염려와 두려움이 사라집니다. 마음에 진정한 평안과 기쁨, 사랑이 충만하게 됩니다. 예수님을 떠나서는 아무것도 할 수 없지만 예수님과 완전히 연합하게 되면 많은 열매를 맺게 됩니다. 우리 삶에 하나님의 완전하신 능력이 나타납니다. 우리의 가정과 직장, 교회에서 은혜의 강이 터지기 시작합니다.

부목사로 사역하며 신학교에서 대학원 공부를 병행하는 것은 대단히 어려웠습니다. 어느 것도 적당히 하고 싶지 않았기 때문입니다. 그렇게 바쁜 사역 속에서도 마지막 논문 학기 등록만 남겨 둔 시점이었습니다. 저는 논문도 잘 쓰고 사역도 잘 감당할 수 있도록 간절히 기도했습니다. 기도하는 중에 하나님께서 예상치 못한 말씀을 주셨습니다.

"너의 대학원 석사 학위를 나에게 바칠 수 있겠느냐?"

저는 너무 당황스러워서 머리를 흔들었습니다. 차라리 듣지 않았으면 좋았을 말씀이라고 생각했습니다. 물론 하나님께서 공부나 학위가 아무 소용없다고 하신 말씀은 아닙니다. 제 마음에 학위가 차지하는 비중의 문제, 하나님의 종으로서 하나님만 의지하고 하나님만 자랑하며 나아가는 데 걸림돌이 될 정도로 우선순위가 높아진 학위 문제를 하나님께서 정확히 지적하신 것입니다.

처음 그 말씀을 들었을 때 이런저런 생각들로 머릿속이 복잡해서 도무지 마음에 결단이 서지 않았습니다. 몇몇 선배 목회자들에게 이 일을 상담했습니다. 대부분 지나친 생각이니 신경 쓰지 말고 논문이나 빨리 쓸 생각이나 하라고 조언해 주었습니다. 그분들의 말이 틀린 것은 아니지만 계속해서 "하나님이 우선이냐, 너의 자랑이 우선이냐?"라고 물으시는 하나님 앞에서 저는 꼼짝도 할 수 없었습니다.

토요일이 등록 마감인데 금요일까지 결정을 내리지 못하고 있었습니다. 얼마나 고민이 되었던지 몸살로 열이 펄펄 오르고 자리에 몸져누워 일어나지도 못했습니다. 왜 그렇게 아픈지 그 이유를 저는 너무 잘 알고 있었습니다. 주님과 싸우고 있었기 때문입니다. 자리에 누워 끙끙 앓다가 철야기도회 시간이 되어 혼자서라도 기도는 해야지 하고 일어나 이불 위에 무릎을 꿇었습니다. 그렇지만 기도할 수 없었습니다. 저는 주님과 싸우고 있었고, 저 자신과도 맹렬히 싸우고 있었습니다. 그러다가 결국 입을 열어 고백하고 말았습니다.

"석사학위를… 바치겠습니다!"

그렇게 고백하고는 이불 위에 엎드려서 이불을 쥐어뜯으며 울었습니다. 꼭 생명이 끊어져야 죽는 것이 아니었습니다. 하고 싶은 것을 못하고 싫은 것을 해야 하는 것이 죽는 것이었습니다. 제 삶의 미래가 완전히 죽고, 오래 전부터 품어온 소중한 꿈을 주님이 송두리째 가져가버리신 것 같았습니다. 큰 교회를 담임하고 싶다는 꿈은 버려야 합니다. 요즘 세상에 석사 학위조차 없는 사람을 어느 교회에서 담임목사로 청빙하겠습니까? 가방끈 짧은 목사라고 은근히 무시하는 사람들의 시선도 감수해야 합니다. 제가 그런 일에 얼마나 연연하며 살아왔는지, 저는 그날 절실히 깨달았습니다.

그런데 그렇게 한참 울고 나니 몸이 깃털처럼 가벼워지기 시작했습니다. 열이 다 내렸고 몸에서 힘이 났습니다. 그 순간 제 마음에 "잘했다. 참 잘했다." 하는 성령의 음성이 들려왔습니다.

다음날 아침, 학교에 가서 자퇴서를 제출했습니다. 그리고 그동안 학업을 핑계로 소홀했던 심방을 시작했습니다. 그렇게 6개월이 지났습니다. 예정대로 대학원을 다녔다면 졸업할 무렵에 놀

라운 일이 일어났습니다. 부산에서 역사가 가장 오래된 부산제일
교회로부터 담임목사 청빙을 받은 것입니다. 학부 졸업에, 나이
도 어린 저는 그 교회에서 담임목사 청빙을 위해 내세운 조건에
하나도 맞지 않았습니다. 그 후 안산광림교회의 청빙 역시 저의
학력은 아무런 고려 대상이 되지 않았습니다. 2003년 선한목자
교회에 부임할 때도 마찬가지였습니다.

하나님께 자신을 온전히 드린 자가 성령 충만한 사람입니다. 당
신을 어떤 길로 인도하시든지, 어떤 것을 명령하시더라도 순종하
겠습니까? 이 중심이 변하지 않으면 내일 아침에도 성령 충만한
것입니다.

Q. 하나님께 "나의 모든 것을 다 하나님께 드립니다."라고 고백해보세요.
그 고백 후에 오는 성령의 감동을 써보세요.

----------------------------------------

----------------------------------------

----------------------------------------

----------------------------------------

----------------------------------------

----------------------------------------

# 소그룹
# 나눔 | 인도자용

**마음열기**
**(8분)**

- 찬양 : 내가 매일 기쁘게(191장), 마지막 날에

- 기도 : 미리 정해진 순서에 따라 모임을 위해 기도합니다.

**과제점검**
**(2분)**

- 출석체크, 예습, Q.T여부, 기도생활

- 성경암송 점검 – 에베소서 5:18

  술 취하지 말라 이는 방탕한 것이니 오직 성령으로 충만함을 받으라

**도입질문 및**
**각 과별 진행**
**(100분)**

Q. 성령 충만함을 받았던 경험이 있습니까?

또는 현재 충만함을 누리고 계십니까?

자신의 경험을 나누어주세오.

# 01
# 우리 시대에 임한
# 두 가지 부흥

Q. 여러분은 두 가지의 부흥(성령의 부흥 또는 죄악의 부흥)의 흐름 중에서
   성령 충만의 흐름 속에 있다고 말할 수 있습니까?

◐ 한두 사람에게만 질문에
간단히 대답하도록 하고, 대
답이 부족하다 싶으면 인도
자가 보충하는 방법으로 진
행하십시오. 중요한 것은 "우
리 시대에 두 가지 흐름이 존
재하고 있다."는 것을 알게
하는 것입니다.

------

핵심
요약

우리가 살고 있는 시대는 두 가지 형태의 부흥, 곧 죄악의 부흥과 성령의 부흥이
동시에 일어나고 있습니다. 성경의 예언대로 세상은 점점 더 두 부흥의 열기로
갈라지고 있습니다. 그 어떤 것도 의지하고 않고 오직 하나님만 의지하며 사는
것, 이것이 우리에게 필요한 부흥입니다. 이것이 성령의 부흥이고 성령 충만입
니다.

# 02
# 성령의 능력에 대한
# 약속

○ 이 질문은 성령의 역사로 거듭난 사람인지를 점검하는 질문입니다. '증거'라는 말에 부담을 갖는 반원이 있다면, 3단원 '성령께서 내주하시는 7가지 증거'에 대해 배웠던 것을 상기시켜주십시오. 그리고 거듭남에 만족해서는 안 된다는 것을 이해시켜야 합니다.

**Q. 여러분 안에는 생명의 역사가 분명하게 일어났습니까? 그 증거는 무엇인지 써보세요.**

------------------------------------
------------------------------------
------------------------------------
------------------------------------

○ 어떤 대답을 하든지 자신에게 성령의 충만함이 필요함을 인정하는 대답이 될 것입니다. 다음 문제는 "그렇다면 우리가 어떻게 성령의 충만함을 받을 수 있는가?" 하는 문제입니다. 이제부터 그 문제를 다루어 나감을 말함으로 3과를 시작하십시오.

**Q. 여러분은 성령의 충만함으로 어떻게 변화되기를 원합니까?**

------------------------------------
------------------------------------
------------------------------------
------------------------------------
------------------------------------

**핵심 요약**
성령의 역사에 대해 성경은 두 가지 물로 비유합니다. 샘물과 생수의 강입니다. 샘물은 구원받은 자가 누리는 생명의 역사라면 생수의 강은 세상을 변화시키는 강력한 부흥의 역사입니다. 이것이 성령 충만입니다. 그리스도인은 성령 충만을 받을 때 능력을 받습니다. 죄, 마귀, 세상, 자아에 승리하는 능력을 받고 새로운 능력이 부어집니다. 확신, 전도와 기도의 능력, 원수도 사랑하는 능력, 헌신할 능력을 얻게 됩니다. 이것이 성령 충만의 분명한 증거입니다.

# 03
# 구하는 자에게
# 주시는 성령

**Q. 여러분은 정말 성령 충만을 구합니까? 지금까지 성령 충만을 구했다면 무엇을 위하여 구했습니까?**

-----------------------------------------------------------------

-----------------------------------------------------------------

-----------------------------------------------------------------

-----------------------------------------------------------------

-----------------------------------------------------------------

-----------------------------------------------------------------

-----------------------------------------------------------------

-----------------------------------------------------------------

-----------------------------------------------------------------

-----------------------------------------------------------------

-----------------------------------------------------------------

**핵심 요약** 성령 충만은 특별한 사람이 아닌 그리스도인이면 누구나 받을 수 있고 받아야 합니다. 성령 충만을 받으려면 먼저 성령 충만의 약속을 믿고 구해야 합니다. 성령 충만의 핵심은 예수님이 내 마음에 주인이 되시는 것입니다. 이 갈망이 있어야 합니다. 제자들이 약속한 것을 받을 때까지 기다리며 구한 것처럼 끝까지 구해야 합니다.

## 04
## 순종하는 자에게 주시는 성령

❍ 질문을 좀 더 구체화시키는 것이 좋습니다. 자신이 지금까지 순종하지 못하고 있는 것이 있는지 생각해보라고 하십시오. 그리고 문제를 주님 앞에 내려놓고 순종할 결단이 섰는지를 질문하는 것입니다. 그 문제가 해결되어야 성령 충만함을 받을 수 있다는 것을 다시 한 번 강조해주십시오.

Q. 여러분은 하나님께서 무엇을 하라고 하시든지 순종할 결단이 섰습니까?

Q. 여러분에게는 어렵지만 순종해야 한다고 하시는 하나님의 음성이 있습니까?

---

핵심
요약

성령께 완전히 순종해야 성령 충만을 받습니다. 성령 충만의 증거는 어떤 체험이나 사건으로 분별하는 것이 아니라 하나님께 완전히 순종하고자 하는 마음의 상태로 분별해야 합니다. 하나님께 완전히 순종하는 일은 우리가 할 수 없습니다. 성령의 도우심이 우리로 하여금 완전히 순종하게 합니다. 그래서 순종하기 어려운 것도 순종하게 됩니다.

---

# 05
# 성령 충만과
# 완전한 순종

**Q. 여러분이 가지고 있는 지갑, 통장, 집문서 등은 모두 누구의 것입니까?**

◉ 질문을 실제 체감할 수 있도록 반원들에게 지갑을 꺼내보게 하고 그것이 누구의 것인지 물어보십시오.

**Q. 하나님께서 "나의 모든 것을 다 하나님께 드립니다."라고 고백해보세요. 그리고 그 고백 뒤에 오는 성령의 감동을 써보세요.**

◉ 성령께 완전히 순종할 마음의 자세가 되어 있는지를 묻는 질문입니다. 완전히 순종하기 어려운 문제로 갈등하고 있는 반원이 있다면, 순종의 어려움에만 집중할 것이 아니라 순종을 요구하시는 하나님의 마음과 순종이 낳는 결과와 복에 초점을 맞추도록 격려하십시오.

**핵심 요약** 완전히 순종한다는 것은 하나님께 모든 것을 다 드린다는 것입니다. "나의 모든 것이 다 하나님의 것입니다." 이것이 우리가 드려야 할 고백입니다. 하나님께서는 우리 스스로 우리 마음을 하나님께 드려 순종하기를 원하십니다. 완전한 순종은 예수님과 결혼하는 것을 의미합니다. 이를 통해 예수님과 완전히 연합하게 됩니다.

**마무리**
**(10분)**

1. 함께 기도하기

   • 개인 기도제목을 나눕니다.

   • 인도자가 단원 주제에 맞는 기도제목을 제시하고

     개인 기도제목과 함께 기도합니다.

   • 인도자가 마무리 기도하고 주기도문으로 마칩니다.


2. 광고

   • 다음 모임에 대한 안내와 다음 주 공부할 단원을 짧게 소개합니다.

   • 성경암송 과제는 요한복음 10:27 입니다.

# 6

# 주님의 음성 듣기

내 양은 내 음성을 들으며 나는 그들을 알며
그들은 나를 따르느니라

요한복음 10:27

6단원 핵심영상강의
youtu.be/crnshh_5E1o

# 01

# 열심보다 중요한
# 순종

이는 거역하는 것은 점치는 죄와 같고 완고한 것은
사신 우상에게 절하는 죄와 같음이라 왕이 여호와의 말씀을 버렸으므로
여호와께서도 왕을 버려 왕이 되지 못하게 하셨나이다 하니

사무엘상 15장 23절

### 1과 핵심요약

❶ 하나님의 음성은 듣지 못하면서 열심만 있는 경우에는 오히려 큰 시험을 초래한다.

❷ 주의 종은 주의 음성을 분명히 듣는 사람이다.

❸ 열심보다 더 중요한 것은 주님과 교제하며 주님의 음성을 듣고 순종하는 것이다.

❹ '언제부터 주님의 음성에 순종하여 인도함을 받았는가?' 하는 것이 중요하다.

저는 목회하면서 두 가지 문제로 고민을 했던 적이 있습니다. 첫째는 '교회에서 열심 있는 교인들이 왜 시험도 일으키는가?' 하는 것이었고, 둘째는 '교인들을 위하여 뜨겁게 축복기도를 하지만 하나님께서 왜 다 응답해 주시지는 않는가?' 하는 것이었습니다.

이 문제에 대하여 하나님께서 깨닫게 해주신 것은 첫째로 열심이 있지만 순종은 없는 교인이 많다는 사실이고, 둘째는 무조건 잘되기만 바라는 것은 하나님의 뜻이 아니라는 것입니다.

우리는 열심을 좋은 것으로 생각합니다. 물론 우리의 삶과 사역에는 열심이 필요합니다. 그러나 성경은 그 열심이 주님의 마음을 기쁘게 하기 보다는 주님의 마음을 어렵게 할 수도 있다고 말합니다. 주님의 마음을 알지 못한 채 열심만 있으면 주님의 의를

드러내기 보다는 도리어 자기 의를 드러내기 때문입니다.

내가 증언하노니 그들이 하나님께 열심이 있으나 올바른 지식을
따른 것이 아니니라 하나님의 의를 모르고 자기 의를 세우려고 힘써
하나님의 의에 복종하지 아니하였느니라 롬 10:2-3

**열심이 문제가 되는 이유는 우리의 자아 때문입니다.**

저는 제 삶과 사역에 하나님의 영광과 능력이 나타나지 않는 것
은 바로 죄 때문이라고 생각했습니다. 그래서 때로는 저 자신의
죄를 회개하려 애쓰기도 했고, 금식도 했으며, 설교할 때도 죄와
회개의 중요성을 강조했습니다. 그러나 이러한 노력의 결과는 만
족스럽지 않았고 오히려 제 안에 새로운 질문이 생겼습니다.

'언제까지 회개만 해야 하는가? 어느 정도로 회개해야 하는
가?'

그러다가 우리에게 죄보다 더 중요한 문제가 있는 것을 깨닫게
되었습니다. 그것은 바로 자아의 문제였습니다. 우리 중에는 예수
님과 교회에 대하여 충성스럽지만 자아가 해결되지 않은 사람이
많이 있습니다.

Q. 누가복음 10:38-42에서 자아의 문제가 어떻게 드러나고 있습니까?
주님과의 교제를 소홀히 하고 일에만 분주함.

**누가복음 10:38-42**
38 그들이 길 갈 때에 예수께서
한 마을에 들어가시매 마르다
라 이름하는 한 여자가 자기 집
으로 영접하더라 39 그에게 마
리아라 하는 동생이 있어 주의
발치에 앉아 그의 말씀을 듣더
니 40 마르다는 준비하는 일이
많아 마음이 분주한지라 예수
께 나아가 이르되 주여 내 동
생이 나 혼자 일하게 두는 것을
생각하지 아니하시나이까 그
를 명하사 나를 도와 주라 하소
서 41 주께서 대답하여 이르시
되 마르다야 마르다야 네가 많
은 일로 염려하고 근심하나 42
몇 가지만 하든지 혹은 한 가지
만이라도 족하니라 마리아는
이 좋은 편을 택하였으니 빼앗
기지 아니하리라 하시니라

많은 성도가 예수님을 위한다면서 예수님과의 교제는 소홀히 하며 여러 가지 일들로 분주합니다. 마르다는 예수님을 대접하기 위해 열심히 일했습니다. 그러나 주님과 교제는 소홀히 했습니다. 주님과의 교제를 소홀히 했을 때 그의 열심에서 드러난 것은 오히려 강한 자아였습니다. 예수님을 위한다고 했지만 동생에게 불평하고 예수님의 마음을 불편하게 만들었습니다. 이것이 바로 자아의 특성입니다.

사도행전 6:1-6
1 그 때에 제자가 더 많아졌는데 헬라파 유대인들이 자기의 과부들이 매일의 구제에 빠지므로 히브리파 사람을 원망하니 2 열두 사도가 모든 제자를 불러 이르되 우리가 하나님의 말씀을 제쳐 놓고 접대를 일삼는 것이 마땅하지 아니하니 3 형제들아 너희 가운데서 성령과 지혜가 충만하여 칭찬 받는 사람 일곱을 택하라 우리가 이 일을 그들에게 맡기고 4 우리는 오로지 기도하는 일과 말씀 사역에 힘쓰리라 하니 5 온 무리가 이 말을 기뻐하여 믿음과 성령이 충만한 사람 스데반과 또 빌립과 브로고로와 니가노르와 디몬과 바메나와 유대교에 입교했던 안디옥 사람 니골라를 택하여 6 사도들 앞에 세우니 사도들이 기도하고 그들에게 안수하니라

Q. 사도행전 6:1-6에서는 자아 문제가 어떻게 드러나고 있습니까?
　 주님과의 교제(기도와 말씀)에 집중하지 못하고 일에 집중함.

　교회 일을 하다 보면 교인들 간에 이런저런 시험이 들 때가 있습니다. 주님과의 교제는 소홀히 한 채 일에만 집중하기 때문입니다. 초대교회에서도 같은 문제가 있었습니다. 초대교회는 구제하는 일로 시험에 빠졌습니다. 구제의 문제로 헬라파 유대인들과 히브리파 유대인들 사이에 갈등이 생긴 것입니다.

　구제와 봉사는 교회를 향한 주님의 뜻입니다. 그러나 구제하는 일, 봉사하는 일에만 얽매여 주님과의 교제를 소홀히 하자 구제와 봉사는 곧 시험거리가 되고 말았습니다. 그것은 초대교회를 무너뜨리려는 사탄의 큰 공격이었습니다. 이 시험을 통해 초대교회는 더 강하게 되었습니다. 왜냐하면 사도들이 이 시험을 통하여 하나님께서 원하시는 것은 주님과 동행하며 일하는 것임을 깨

닫고 말씀과 기도에 집중했기 때문입니다.

Q. 역대상 13:7-13과 15:2, 12-15을 읽고 다윗이 법궤를 옮길 때 왜 실
패했는지 그 이유를 쓰세요.

말씀대로 일하지 않고 자기 열심만으로 했기 때문에.

여호와의 법궤를 예루살렘 성으로 옮겨오려는 다윗의 열심이
대단했습니다. 그러나 그 일은 실패하고 말았습니다. 법궤를 옮기
고자 하는 열심만 있었지 법궤를 옮길 때 반드시 지켜야 하는 하
나님 말씀은 잘 몰랐기 때문입니다. 법궤를 옮길 수 있는 사람은
레위지파의 고핫 자손들로 한정되어 있었고 법궤를 운반할 때는
반드시 어깨에 메고 운반해야 합니다(민 4:15). 그러나 다윗은 열
심이 앞선 나머지 하나님께서 정해 놓으신 방법을 따르지 않았던
것입니다. 이처럼 하나님의 계획은 잘 모르고 열심만 있는 경우,
오히려 큰 시험을 가져올 수 있습니다.

그런데 왜 우리는 주님과 교제하고 주님의 음성 듣는 것을 소
홀히 할까요? 그것은 우리와 함께하시는 예수님을 알지 못하기
때문입니다.

복음의 핵심은 예수님의 십자가와 부활입니다. 예수님께서는
십자가에서 죽으심으로 우리 죄 문제를 해결하시고 부활 승천하
셨습니다. 그 예수님께서 성령으로 모든 믿는 자에게 오셨습니다.
중요한 것은 자신 안에 계신 예수님과 인격적으로 동행하는가 하

역대상 13:7-13

7하나님의 궤를 새 수레에 싣
고 아비나답의 집에서 나오는
데 웃사와 아히오는 수레를 몰
며 8다윗과 이스라엘 온 무리
는 하나님 앞에서 힘을 다하여
뛰놀며 노래하며 수금과 비파
와 소고와 제금과 나팔로 연주
하니라 9기돈의 타작 마당에
이르러서는 소들이 뛰므로 웃
사가 손을 펴서 궤를 붙들었더
니 10웃사가 손을 펴서 궤를 붙
듦으로 말미암아 여호와께서
진노하사 치시매 그가 거기 하
나님 앞에서 죽으니라 11여호
와께서 웃사의 몸을 찢으셨으
므로 다윗이 노하여 그곳을 베
레스 웃사라 부르니 그 이름이
오늘까지 이르니라 12그 날에
다윗이 하나님을 두려워하여
이르되 내가 어떻게 하나님의
궤를 내 곳으로 오게 하리요 하
고 13다윗이 궤를 옮겨 자기가
있는 다윗 성으로 메어들이지
못하고 그 대신 가드 사람 오벧
에돔의 집으로 메어가니라

역대상 15:2, 12-15

2다윗이 이르되 레위 사람 외
에는 하나님의 궤를 멜 수 없나
니 이는 여호와께서 그들을 택
하사 여호와의 궤를 메고 영원
히 그를 섬기게 하셨음이라 하
고 12그들에게 이르되 너희는
레위 사람의 지도자이니 너희
와 너희 형제는 몸을 성결하게
하고 내가 마련한 곳으로 이스
라엘의 하나님 여호와의 궤를

메어 올리라 13전에는 너희가
메지 아니하였으므로 우리 하
나님 여호와께서 우리를 찢으
셨으니 이는 우리가 규례대로
그에게 구하지 아니하였음이라
하니 14이에 제사장들과 레위
사람들이 이스라엘 하나님 여
호와의 궤를 메고 올라가려 하
여 몸을 성결하게 하고 15모세
가 여호와의 말씀을 따라 명령
한 대로 레위 자손이 채에 하나
님의 궤를 꿰어 어깨에 메니라

는 것입니다. 이것은 곧 우리의 신앙생활이 건강한지 병들었는지를 가늠할 수 있는 열쇠입니다.

만약 당신이 선교사로 파송을 받아서 혼자 간다고 가정한다면 마음이 어떨 것 같습니까? 두려움을 느낄지도 모릅니다. 그러나 부모 형제, 목회자, 교우들과 다 같이 간다고 하면 어떻습니까? 가 볼 만하지 않을까요? 두려움과 걱정은 혼자 간다고 생각하기 때문에 생기는 것입니다.

그렇다면 우리 주님은 어떻습니까? 눈에 보이지 않지만 우리 안에 계시기에 예수님은 늘 우리와 함께하십니다. 우리가 어딜 가든 우리와 동행하십니다. 이 사실이 분명히 믿어진다면 아무도 함께 가지 않는다고 해도 두렵거나 걱정할 것이 없습니다.

그러나 많은 선교사와 그 가족이 예수님과 동행하는 삶에 대한 실제적인 훈련을 받지 못하고 선교지로 떠납니다. 그리고 함께 계시고 동행하시는 예수님을 깨닫지 못하기 때문에 영적인 탈진을 경험합니다. 마치 예수님께서 함께 계시지 않는 것처럼 삽니다.

예수님을 인격적으로 알면 열심보다 더 중요한 것이 순종임을 알게 됩니다. 우리가 하나님께 쓰임 받는 것은 '언제부터 주님의 음성에 순종하여 인도함을 받았는가?'에 달려 있음을 명심해야 합니다. 우리가 어떤 일을 계획하기 전에 이 훈련을 철저히 받아야 합니다.

우리는 예수님을 주님이라고 부릅니다. 예수님이 주님이라면 우리는 종입니다. 주의 종은 주의 음성을 분명히 듣는 사람입니다. 주님의 음성을 듣지 못하고 주님의 인도를 받지 못한다면 종이 된다는 것이 무슨 의미가 있겠습니까?

한 수도원장이 얼굴도 못생기고 무엇인가를 잘 잊어버리는 제자를 편애했다고 합니다. 다른 제자들이 그를 시기하여 원장에게 항의했습니다. 그러자 수도원장이 이유를 보여주겠다며 모든 제자를 불러 닭 한 마리씩 주고 '아무도 안 보는 곳'에서 죽이라고 했습니다. 저녁이 되자 제자들은 죽인 닭을 손에 들고 돌아왔습니다. 그러나 수도원장이 사랑하는 그 제자는 제일 늦게 왔는데 살아있는 닭을 그대로 손에 들고 왔습니다. 다른 제자들은 그를 보면서 '원장님은 지시도 제대로 행하지 못하는 사람을 왜 그렇게 사랑하는지 알 수 없어.' 하면서 수군거렸습니다. 그는 원장에게 "하루 종일 다녔지만 아무도 안 보는 으슥한 곳이 없어서 죽이지 못했습니다."라고 말했습니다. 어느 곳에서나 주님은 보고 계셨다는 것입니다. 그 대답을 듣고 수도원장이 다른 제자들에게 "내가 왜 이 제자를 사랑하는지 알겠느냐?"라고 말했습니다.

Q. 당신은 하나님께서 보실 때 말 잘 듣는 자입니까? 말 안 듣는 자입니까?

---

---

---

# 02

# 하나님의 음성을
# 듣지 못하는 이유

여호와께서 임하여 서서 전과 같이 사무엘아 사무엘아 부르시는지라
사무엘이 이르되 말씀하옵소서 주의 종이 듣겠나이다 하니
사무엘상 3장 10절

**2과 핵심요약**

❶ 하나님의 음성을 듣지 못하는 이유는 하나님의 음성을 들을 수 있음을 믿지 않기 때문이고, 하나님의 음성을 듣는 법에 대해 훈련받지 못했기 때문이며, 늘 주님을 의식하고 주님께 귀를 기울이지 않기 때문이다.

❷ 예수님을 구주로 영접한 사람들이 주님의 음성을 듣는 것은 지극히 당연한 일이다.

❸ 하나님 말씀을 듣는 법을 배워야 한다.

❹ 우리 안에 계신 성령을 늘 의식하고 성령께 귀를 기울일 때 하나님의 음성은 들리기 시작한다.

하나님께서는 우리에게 늘 말씀하십니다. 우리의 불신앙과 불순종 때문에 깨닫지 못할 뿐입니다. 그러므로 그리스도인은 누구나 하나님의 음성을 듣고 있는지, 영적으로 둔감해지는 않은지 자신을 살펴보아야 합니다.

Q. 사무엘상 3:1-14을 읽고 다음 질문에 답을 써보세요.

**1. 사무엘이 어릴 때, 이스라엘의 영적 상태는 어떠했습니까?(1절)**

하나님 말씀이 희귀하여 이상이 보이지 않음.

**2. 사무엘은 어느 곳에서 하나님의 음성을 들었습니까?(3절)**

법궤가 있는 성전에서.

**3. 하나님의 음성을 들었을 때 사무엘은 어떻게 생각했습니까?(4-5절)**

엘리 제사장이 부르는 것으로 생각함.

**4. 사무엘이 왜 그렇게 생각했다고 했습니까?(7절)**

하나님의 음성을 들어보지 못했기 때문에.

**5. 사무엘은 몇 번 엘리 제사장을 찾아갔습니까?(8절)**

세 번.

**6. 사무엘은 어떻게 하나님의 음성을 분별해 들을 수 있었습니까?(8-9절)**

엘리 제사장의 가르침을 통해.

사무엘상 3장 1~14절은 사무엘이 하나님의 음성을 듣는 사건을 소개합니다. 이것은 사무엘이 선지자로 부르심을 받는 사건이었습니다. 사무엘은 어려서부터 성전에서 자랐습니다. 12세쯤 되었을 때 어느 날 밤, 성전에서 자는데 "사무엘아! 사무엘아!"하고 부르는 소리가 들렸습니다. 사무엘은 엘리 제사장이 부르는 것으로 생각하고 엘리 제사장에게로 달려갔습니다. 그러나 아니었습니다. 세 번이나 같은 일이 반복되었습니다. 세 번째 같은 일을 겪은 엘리 제사장은 그때서야 하나님이 사무엘을 부르신다고 생각했습니다. 엘리 제사장은 사무엘에게 이제 다시 부르는 소리가 있거든 그 자리에서 무릎을 꿇고 "여호와여 말씀하옵소서! 주의

**사무엘상 3:1-14**

1아이 사무엘이 엘리 앞에서 여호와를 섬길 때에는 여호와의 말씀이 희귀하여 이상이 흔히 보이지 않았더라 2엘리의 눈이 점점 어두워 가서 잘 보지 못하는 그 때에 그가 자기 처소에 누웠고 3하나님의 등불이 아직 꺼지지 아니하였으며 사무엘은 하나님의 궤 있는 여호와의 전 안에 누웠더니 4여호와께서 사무엘을 부르시는지라 그가 대답하되 내가 여기 있나이다 하고 5엘리에게로 달려가서 이르되 당신이 나를 부르셨기로 내가 여기 있나이다 하니 그가 이르되 나는 부르지 아니하였으니 다시 누우라 하는지라 그가 가서 누웠더니 6여호와께서 다시 사무엘을 부르시는지라 사무엘이 일어나 엘리에게로 가서 이르되 당신이 나를 부르셨기로 내가 여기 있나이다 하니 그가 대답하되 내 아들아 내가 부르지 아니하였으니 다시 누우라 하니라 7사무엘이 아직 여호와를 알지 못하고 여호와의 말씀도 아직 그에게 나타나지 아니한 때라 8여호와께서 세 번째 사무엘을 부르시는지라 그가 일어나 엘리에게로 가서 이르되 당신이 나를 부르셨기로 내가 여기 있나이다 하니 엘리가 여호와께서 이 아이를 부르신 줄을 깨닫고 9엘리가 사무엘에게 이르되 가서 누웠다가 그가 너를 부르시거든 네가 말하기를 여호와여 말씀하옵소서 주의 종이 듣겠나이다 하라 하니 이에 사무엘이 가서 자기 처소에 누우니라 10여호와께서 임하여 서서

전과 같이 사무엘아 사무엘아 부르시는지라 사무엘이 이르되 말씀하옵소서 주의 종이 듣겠나이다 하니 ¹¹여호와께서 사무엘에게 이르시되 보라 내가 이스라엘 중에 한 일을 행하리니 그것을 듣는 자마다 두 귀가 울리리라 ¹²내가 엘리의 집에 대하여 말한 것을 처음부터 끝까지 그 날에 그에게 다 이루리라 ¹³내가 그의 집을 영원토록 심판하겠다고 그에게 말한 것은 그가 아는 죄악 때문이니 이는 그가 자기의 아들들이 저주를 자청하되 금하지 아니하였음이니라 ¹⁴그러므로 내가 엘리의 집에 대하여 맹세하기를 엘리 집의 죄악은 제물로나 예물로나 영원히 속죄함을 받지 못하리라 하였노라 하셨더라

종이 듣겠나이다"라고 말하라고 지시했습니다.

사무엘은 이런 과정을 통해 하나님의 음성을 듣게 되었습니다. 하나님께서는 늘 우리에게 말씀하십니다. 그런데 왜 우리는 하나님의 음성을 듣지 못합니까?

## 1. 하나님의 음성을 들을 수 있다는 사실을 믿지 않기 때문입니다

사무엘은 하나님의 음성을 들었습니다. 그러나 처음에는 하나님의 음성을 들을 수 있다는 사실을 알지 못했기 때문에 하나님의 음성으로 깨닫지 못했습니다. 우리 중에 사무엘이 하나님의 음성을 들었다는 사실에 대하여 의심하는 사람은 없습니다. 그러나 자신도 사무엘처럼 하나님의 음성을 들을 수 있다고 믿는 사람은 그리 많지 않습니다. 그렇기 때문에 하나님의 음성을 듣고도 하나님의 음성으로 분별하지 못하는 것입니다.

어떤 사람들은 하나님의 음성 듣는 것을 신비주의라고 생각합니다. 물론 인간이 하나님의 음성을 들을 수 있다는 것은 신비로운 일입니다. 그러나 신비주의는 아닙니다.

예수님께서는 "내 양은 내 음성을 들으며"(요 10:27)라고 분명히 말씀하셨습니다. 예수님을 구주로 영접한 사람들은 모두 주님의 음성을 듣는다는 말입니다. 그러므로 그리스도인들이 하나님의 음성을 듣는 것은 지극히 당연한 일입니다.

## 2. 하나님의 음성을 듣는 훈련을 받지 못했기 때문입니다

하나님의 음성을 들을 수 있다고 해서 처음부터 온전히 하나님의 음성을 분별할 수 있는 것은 아닙니다. 사무엘이 하나님의 음성을 들었을 때 처음에는 알아듣지 못했습니다. 그러다가 엘리 제사장에게 하나님의 음성을 듣는 일에 대하여 가르침을 받은 후에 하나님의 음성을 분별하게 되었습니다. 이처럼 우리도 하나님 말씀을 듣는 법을 배워야 합니다.

어떤 사람들은 "하나님의 분명한 음성을 직접 듣기 전에는 아무것도 하지 않겠습니다."라고 말하면서 어떤 권면도 받지 않는 사람도 있습니다. 하나님의 음성을 듣겠다는 마음은 좋지만 하나님의 음성을 분별하는 훈련이 없기 때문에 그 사람은 결국 아무것도 할 수 없게 됩니다.

어떤 분이 제게 와서 "목사님, 정말 하나님의 음성을 들으십니까? 나는 하나님의 음성을 한 번만이라도 들으면 소원이 없겠습니다."라고 말했습니다. 이분의 문제는 하나님의 음성을 듣지 못하는 것이 아니라 듣는 훈련을 받지 못한 것입니다.

## 3. 늘 주님을 의식하고 주님께 귀를 기울이지 않고 있기 때문입니다

사무엘이 하나님의 음성을 들었을 때 그는 여호와의 전 법궤 앞에서 자던 중이었다고 했습니다. 우리는 이 점을 주목해야 합니다. 우리도 늘 성전 안에 사는 삶을 살아야 합니다. 이 말은 늘 교회라는 건물 안에서 살라는 뜻이 아닙니다.

> 너희는 너희가 하나님의 성전인 것과 하나님의 성령이 너희 안에
>
> 계시는 것을 알지 못하느냐 고전 3:16

우리가 성전이라고 불리는 까닭이 무엇입니까? 성령께서 우리 안에 계시기 때문입니다. 그러므로 우리 안에 계신 성령을 늘 의식하고 주목하고 귀를 기울이며 살 때 하나님의 음성은 들리기 시작합니다.

> 하나님의 성령을 근심하게 하지 말라 그 안에서 너희가 구원의 날까지
>
> 인치심을 받았느니라 엡 4:30

성령께서는 우리 안에 계시면서 계속 말씀하십니다. 우리가 하나님의 뜻대로 살 수 있도록 인도하십니다. 우리가 하나님의 뜻대로 살지 못할 때는 근심하고 슬퍼하십니다. 그리고 그 근심을 우리로 하여금 깨닫게 하십니다.

어떤 분이 성령께서 항상 함께 계신다는 것을 배운 후에 혼자 탄식하였습니다.
"그러면 '그때도' 성령께서 함께 계셨다는 말입니까?"
제가 그분에게 그때가 어느 때인지 묻지는 않았지만 고백하기 매

우 부끄러운 순간인 것 같았습니다. 그는 그 순간 마음에 찔림과 책망이 있었다고 했습니다. 그러나 마음에 찔림과 책망이 드는 바로 그 순간이 주님을 만나는 순간임을 몰랐던 것입니다.

Q. 당신은 하나님의 음성을 듣고도 듣지 못했다고 여겼던 적은 없습니까?

_____

_____

_____

_____

## 4. 우리에게 하나님 말씀은 생명이고 능력입니다

너희는 귀를 기울이고 내게로 나아와 들으라 그리하면
너희의 영혼이 살리라  사 55:3

하나님 말씀을 듣고 순종하면 우리 인생에 변화와 기적이 일어 납니다. 대통령의 말 한마디는 권세와 엄청난 힘이 있습니다. 사람을 움직이고 돈을 움직이고 나라 전체를 움직일 수도 있습니다. 하물며 세상을 만드시고 운영하시는 하나님의 말씀은 어떻겠습니까?

100만 명의 영혼을 구원했다고 하는 드와이트 무디의 어머니 베시 여사는 아홉 남매를 둔 과부였습니다. 그 많은 아이를 다 키울 수가 없어서 아이들을 다른 가정에 입양시키려고 했습니다. 그 사실을 눈치 챈 아이들은 울면서, 어머니에게 어떤 고생이라도 하겠으니 제발 다른 가정으로 보내지는 말라고 애원하였습니다. 그렇게 매달리는 아이들을 차마 떼어 놓을 수 없어서 베시 여사는 아이들을 모아놓고 "그러면 좋다. 우리가 살 수 있는 길은 오직 하나님 말씀대로 사는 길뿐이다. 그렇게 할 수 있겠느냐?"라고 다짐을 받았고, 밤마다 예배를 드릴 때 이 사실을 확인했다고 합니다.

Q. 당신이 하나님의 음성을 잘 듣기 위해서 지금 실천할 수 있는 것은 무엇입니까?

# 03

# 하나님의 음성을 어떻게 듣는가?

보혜사 곧 아버지께서 내 이름으로 보내실 성령
그가 너희에게 모든 것을 가르치고
내가 너희에게 말한 모든 것을 생각나게 하리라
요한복음 14장 26절

**3과 핵심요약**

❶ 우리 안에 계신 성령은 생각을 통해 말씀하신다.

❷ 마귀 역시 생각을 통해 역사하므로 분별이 필요하다.

❸ 주님의 음성을 마음의 생각으로 들을 때, 우리는 항상 성령의 음성을 들을 수 있고 겸손하게 된다.

❹ 성령께서 주시는 생각은 조금만 귀 기울이면 알 수 있다.

하나님께서는 인류 역사의 전 기간을 통해 자기 백성에게 말씀하셨습니다. 지금도 하나님께서는 우리에게 말씀하시며 자신의 뜻을 자기 백성들이 깨닫기를 바라십니다. 하나님의 자녀 된 우리 또한 하나님의 음성 듣기를 간절히 소원합니다.

하나님의 음성을 듣기 위해서는 하나님께서 우리에게 어떻게 말씀하시는지 알아야 합니다. 많은 사람이 하나님의 음성을 육성(肉聲)을 통해서 들으려고 합니다. 하나님의 음성을 소리를 통해 귀로 들으려 하기 때문에 도무지 하나님의 음성을 듣지 못한다고 생각합니다.

저도 한때는 하나님의 음성을 육성으로 듣는다고 생각한 적이 있었습니다. 언젠가는 하나님의 음성을 꼭 들어보겠노라고 기도원에 올라갔던 적이 있었습니다. 제가 하나님께 듣고 싶었던 말씀은 한 가지 "내가 너를 목사로 불렀다."는 것이었습니다. 목사이신 아버지 때문에 신학교에 가고 목사가 된 것이 아니라 하나님께서 부르셔서 목사가 되었다는 확증을 얻고 싶었습니다. 그 확증을 얻는다면 목회가 아무리 힘들어도 목사가 된 것을 후회하지 않을 것 같았습니다.

산에 올라가서 나무뿌리라도 뽑으면 음성을 들려주실 것 같아 기도원 뒷산에 올라갔습니다. 나무를 잡고 흔들며 "유… 기… 성… 목사야, 내가 너를 불렀다!" 이런 위엄 있고 굵직한 음성을 듣기를 바랐습니다. 그러나 원하는 하나님의 음성은 듣지 못하고 나무만 흔들다 내려왔습니다.

Q. 요한복음 14:26에서 성령께서는 어떻게 우리에게 역사하신다고 했습니까?

　　예수님이 말씀하신 모든 것을 생각나게 하실 것.

요한복음 14:26
보혜사 곧 아버지께서 내 이름으로 보내실 성령 그가 너희에게 모든 것을 가르치고 내가 너희에게 말한 모든 것을 생각나게 하리라

　　하나님 음성은 육성으로 듣는 것이 아니라 생각으로 듣는 것입니다. 요한복음 14장 26절을 보면 성령께서 예수님께서 가르치시고 말씀하신 모든 것을 생각나게 하실 것이라고 말씀하고 있습니다. 성령께서 우리의 생각을 통해서 역사하신다는 말씀입니다.

　　성령께서 우리 마음에 오셨습니다. 우리 마음에 오신 성령께서 육신의 귀에다 대고 말씀하실 이유가 어디 있겠습니까? 마음에

말씀하시는데 그 통로가 바로 우리의 생각입니다. 어떤 생각이 떠오르게 하는 방법으로 성령께서 우리에게 말씀하시는 것입니다.

하나님께서 이와 같은 방법으로 말씀하신다는 것을 알게 되면 우리가 일상생활 가운데 쉽게 지나쳤던 생각이나 내면의 소리가 하나님의 음성이었다는 사실을 깨닫게 됩니다.

필리핀 코스타에서 작가인 이요셉 집사님이 강의 중에 하나님의 음성을 어떻게 듣는지에 대하여 설명했습니다.

"저는 하나님의 음성을 육성으로 듣지는 못합니다. 그런데도 하나님의 음성을 들었다고 말하는 것은 이런 이유 때문입니다. 예를 들어 제가 작업을 하면서 방을 어질러 놓고 있는데, 정리정돈이 되어야 좋아하는 아내가 방문을 열어 보고는 한숨을 쉬고 나갔다면 아내는 말 한마디 안했지만 '방 좀 치워요!'라고 말하는 것을 들은 것과 같습니다.

아내의 마음을 깨달은 것이 아내의 음성을 들은 것입니다. 꼭 육성으로 들어야 그 사람이 하려는 말을 듣는 것은 아닙니다. 얼굴 표정 하나에서도 그 사람의 말을 들을 수 있습니다. 그 사람 생각만 해도 그가 하려는 말이 생각나기도 합니다. 그것은 그가 하는 말을 듣는 것과 같습니다. 마찬가지로 하나님의 마음을 깨달았을 때, 하나님의 음성을 들었다고 말할 수 있는 것입니다."

죄의 유혹에 깊이 빠져 있던 한 성도가 있었습니다. 그는 죄를 지을 때마다 마음에서 들리는 경고의 소리를 들었습니다. 이후로 그의 마음에서는 유혹과 경고 사이에 무서운 싸움이 벌어졌습니다. 그는 시간이 지나면서 그 마음의 갈등이 성령의 경고 때문임을 배우게 되었고 그때부터 하나님의 음성을 분별해 듣기 시작했습니다. 하나님의 음성을 계속하여 듣게 되었기 때문에 옛날처럼 죄를 지을 수가 없었습니다.

어느 날, 그는 음란이라는 죄 때문에 파괴된 어느 가정 이야기를 읽게 되었습니다. 그는 그 책을 통하여 하나님께서 자신에게 강력하게 경고하고 계시다는 사실을 깨닫게 되었습니다. 마침내 그가 하나님의 음성에 무릎 꿇고 복종했을 때 그는 자신의 힘으로는 결코 이길 수 없었던 죄의 유혹에서 벗어나 승리할 수 있었습니다.

Q. 최근에 하나님의 책망이라고 느낄 만한 어떤 생각이 있었습니까?

--------------------------------------------------------------------------------
--------------------------------------------------------------------------------
--------------------------------------------------------------------------------
--------------------------------------------------------------------------------
--------------------------------------------------------------------------------
--------------------------------------------------------------------------------
--------------------------------------------------------------------------------

에스겔 36:26

또 새 영을 너희 속에 두고 새
마음을 너희에게 주되 너희 육
신에서 굳은 마음을 제거하고
부드러운 마음을 줄 것이며

로마서 8:5-6

5 육신을 따르는 자는 육신의
일을, 영을 따르는 자는 영의 일
을 생각하나니 6 육신의 생각은
사망이요 영의 생각은 생명과
평안이니라

이사야 55:8-9

8 이는 내 생각이 너희의 생각
과 다르며 내 길은 너희의 길과
다름이니라 여호와의 말씀이
니라 9 이는 하늘이 땅보다 높
음 같이 내 길은 너희의 길보다
높으며 내 생각은 너희의 생각
보다 높음이니라

Q. 다음의 성경 구절들을 찾아 읽으면서 쓰세요.

1. 에스겔 3:26

_____

_____

2. 로마서 8:5-6

_____

_____

3. 이사야 55:8-9

_____

_____

우리는 이와 같은 성경 구절들을 통해 우리 안에 오신 성령께서 우리 마음과 생각에 역사하심을 알 수 있습니다. 성령께서는 생각을 통해서 우리에게 말씀하십니다. 그러므로 이제는 생각으로 말씀하시는 성령의 음성에 귀가 열려야 합니다. 그 귀가 열릴 때 세밀한 부분까지 주님의 음성을 들을 수 있습니다.

그러나 한 가지 우리가 기억하고 주의해야 할 것이 있습니다. 마음 안에 일어나는 모든 생각이 다 성령께서 주신 것은 아니라는 사실입니다.

Q. 마태복음 16:23에서 베드로의 마음에 누가 역사했다고 말씀합니까?

   사탄.

마태복음 16:23
예수께서 돌이키시며 베드로에게 이르시되 사탄아 내 뒤로 물러가라 너는 나를 넘어지게 하는 자로다 네가 하나님의 일을 생각하지 아니하고 도리어 사람의 일을 생각하는도다 하시고

우리의 생각 속에는 성령께서 주시는 생각뿐만 아니라 사탄이 주는 생각도 있습니다. 사도 베드로는 예수님을 향하여 "주는 그리스도시요 살아 계신 하나님의 아들이시니이다"라고 위대한 신앙고백을 했습니다. 그 신앙고백은 베드로 자신에게서 나온 것이 아니었습니다. 하나님께서 알게 하셨고 입술로 고백하게 하신 것이었습니다(마 16:16~17).

그러나 예수님께서 십자가에서 죽으실 것에 대해 말씀하실 때 예수님을 붙잡았습니다. 그런 일은 결코 주님께 미치지 않을 것이라고 항변했습니다. 베드로의 생각과 말은 마치 주님을 위한 것처럼 보이지만 예수님께서는 "사탄아 내 뒤로 물러가라"고 베드로를 호되게 책망하셨습니다. 곧 베드로의 생각 가운데 사탄이 역사하고 있다는 말씀인 것입니다.

이것을 볼 때 하나님께서도 생각을 통해서 역사하시고 마귀도 생각을 통해서 역사합니다. 그러므로 우리 마음에 일어나는 생각 가운데 어떤 것이 주님의 음성인지, 마귀가 주는 생각인지를 잘 분별해야 합니다. 그래서 어떤 생각을 붙잡고 품어야 할지, 거부해야 할지 분명히 알 수 있어야 합니다.

우리는 스스로 생각해도 놀랄 만큼 끔찍하고 부끄러운 생각이 일어날 때가 있습니다. 다른 사람들이 안다면 얼굴을 들지 못할

정도로 부끄러운 생각들이 일어날 때가 자주 있습니다. 마귀가 생각에서 역사하고 있기 때문입니다. 죽고 싶은 생각, 죽이고 싶은 생각, 슬픈 생각, 자기 연민, 우울증, 가출하고 싶은 생각, 온갖 음란한 생각 등은 마귀가 주는 생각입니다.

저는 한때 목회를 그만둘 생각을 한 적이 있습니다. 저 자신에게 나쁜 생각이 많아서 스스로 위선자요, 가증한 자라 여겨졌기 때문입니다. 그러던 어느 날, 요한복음 13장을 읽는데 성령께서 제게 나쁜 생각을 심어주는 것은 바로 마귀의 역사임을 깨닫게 하셨고, 이러한 도우심으로 저는 영적 위기를 이길 수 있었습니다.

모든 지킬 만한 것 중에 더욱 네 마음을 지키라
생명의 근원이 이에서 남이니라 잠 4:23

마음은 생명의 근원입니다. 마음에서 일어나는 악한 생각, 부정적인 생각을 소홀히 여겨서는 안 됩니다. 마귀가 주는 생각으로부터 마음을 지키지 않으면 마귀의 종이 되기 때문입니다.

요한복음 13장 2절을 보면 마귀는 가룟 유다에게 예수님을 팔 생각을 넣어주었다고 했습니다. 만약 그가 예수님을 팔려는 생각이 마귀로부터 온 것을 알았다면 그렇게 하지 않았을 것입니다. 그러나 가룟 유다는 생각으로 역사하는 마귀의 역사를 분별하지 못하고 그 생각을 품었습니다. 성경은 마귀가 준 생각을 떨쳐버리지 않고 자신의 생각으로 품으니 아예 마귀가 가룟 유다 속으로 들어갔다고 말합니다(요 13:27). 마귀의 종이 된 것입니다.

한번은 이혼 위기 부부가 와서 상담했습니다. 어느 날 아내가 남편에게 이혼하자는 폭탄선언을 했습니다. 남편은 이혼만은 절대 안 된다고 했습니다. 혼자되어 길러주신 권사이신 어머니를 생각하면 도저히 이혼은 할 수 없다고 생각했기 때문이었습니다. 어느 날 아내가 솔직히 말해 보라고 하더랍니다. "당신도 속으로는 이혼하는 것이 낫겠다고 생각하지 않아? 하나님께 맹세코 솔직히 말해 봐." 솔직히 이혼하는 것이 낫겠다는 생각을 여러 번 했다는 것입니다. 그렇다고 말하면 자기 부부는 이제 끝이라는 것입니다.

그런데 하나님께 맹세하고 말하라는데 거짓으로 말할 수도 없으니 이런 경우에 어떻게 해야 하느냐고 물어왔습니다. 제가 물었습니다. "이혼하면 안 된다는 생각도 했느냐?" 그랬더니 "물론"이라는 것입니다. 그러면 정확하게 말해 주라고 했습니다. "이혼하자는 생각을 했었지만 그것은 마귀가 주는 생각이었고, 주님은 절대 이혼하면 안 된다고 하더라. 내가 왜 마귀가 하자는 대로 하겠느냐?"

남편이 제주도 가는 비행기 표를 끊었습니다. 아내와 함께 바다가 보이는 호텔 로비에 앉아서 말했습니다. "나, 솔직히 말하겠다. 그동안 이혼하는 것이 낫겠다는 생각도 많이 했다." 그랬더니 아내가 입술을 꼭 깨물더랍니다. 그러면 그렇지 우리는 이제 끝이야 하는 생각을 하는 것 같더랍니다. 이어서 남편이 말했습니다. "그러나 그것은 마귀가 주는 생각이었어. 주님은 이혼하지 말라고 하더라. 그래서 이혼 안하겠다는 거야. 당신도 이혼하자고만 하지 말고 솔직히 말해 봐. 마음에 이혼하면 안 된다는 생각해본 적 없어? 그것이 주님의 음성이잖아. 왜 마귀가 하자는 대로 하는 거야?" 그래서 손잡고 돌아왔습니다.

만일 마귀가 실제로 우리 눈앞에 나타나서 온갖 더럽고 끔찍하고 부끄러운 일을 하라고 말한다면 우리는 금방 긴장하고 대적할 것입니다. 그러나 마귀는 생각으로 역사하기 때문에 그것이 마귀가 주는 것인지 잘 분별하지 못해 그 생각을 자신의 것으로 받아들여 죄를 짓게 되는 것입니다.

그러나 성령께서 주시는 생각은 조금만 귀 기울이면 알 수 있습니다. 예를 들어 '기도하라.', '전도하라.', '사랑하라.'는 생각은 성령께서 주신 생각입니다. 성령께서 역사하지 않는 사람은 '기도해야지.', '전도해야지.'라고 생각할 수 없기 때문입니다. 이런 경우는 "기도해야지 하는 생각이 들었다."라고 말하지 말고 "주님이 기도하라는 마음을 주셨다."라고 고백해야 하는 것입니다.

Q. 요즘 마귀가 당신의 생각을 통해 어떻게 역사하고 있습니까? 주님은
당신에게 어떤 마음을 주시는 것 같습니까? 생각나는 것이 있다면 써
보세요.

--------------------------------------------------------------------------------

--------------------------------------------------------------------------------

--------------------------------------------------------------------------------

--------------------------------------------------------------------------------

--------------------------------------------------------------------------------

--------------------------------------------------------------------------------

# 04

# 하나님의 음성을
# 잘 듣는 방법

주께 힘을 얻고 그 마음에
시온의 대로가 있는 자는 복이 있나이다
시편 84편 5절

**4과 핵심요약**

❶ 성경을 많이 읽고 묵상해야
한다.

❷ 꾸준히 기도해야 한다.

❸ 환경을 주목해야 한다.

1) 그 생각이 성경적인지 확
인해야 한다.

2) 어떤 생각이 주님이 주신
것인지는 영적일치를 통
해 분별해야 한다.

3) 주위 사람들의 조언에 귀
기울여야 한다.

하나님께서는 우리 안에 계신 성령을 통해서 말씀하십니다. 어떻게 하나님께서 말씀하시는 것을 잘 들을 수 있을까요? 그 방법은 무엇일까요?

## 1. 성경 말씀을 많이 읽고 묵상해야 합니다

성령께서 우리에게 하실 모든 말씀을 기록한 것이 성경입니다. 상표를 보고 어느 나라 상품인지 아는 것처럼 성경을 보면 이것이 성령께서 주신 마음인지 아닌지 알 수 있습니다.

Q. 히브리서 4:12에서 하나님의 말씀은 어떤 능력이 있다고 했습니까?

혼과 영과 및 관절과 골수를 찔러 쪼갠고 마음의 생각과 뜻을

판단함.

히브리서 4:12

하나님의 말씀은 살아 있고 활력이 있어 좌우에 날선 어떤 검보다도 예리하여 혼과 영과 및 관절과 골수를 찔러 쪼개기까지 하며 또 마음의 생각과 뜻을 판단하나니

하나님 말씀은 혼과 영과 관절과 골수를 찔러 쪼갠다고 했습니다. 검과 같은 말씀이 우리 안에 들어오면 우리의 생각을 찔러 쪼갭니다. 하나님 말씀을 통하여 우리의 생각이 성령께서 하신 말씀인지, 우리 자신의 생각인지, 마귀의 생각인지 알 수 있게 되는 것입니다. 그러므로 우리에게 어떤 특별한 생각이 떠오르면 먼저 그것이 성경적인가를 분별해 봐야 합니다.

어느 날 새벽에 기도하면서 같은 죄를 반복적으로 회개하게 되는 것 때문에 마음이 너무나 무거웠습니다. '이번에는 하나님께서 용서해 주시지 않을 거야!' 이렇게 용서의 확신을 가지지 못하고 고민할 때, 갑자기 마음에 "일곱 번뿐 아니라 일곱 번을 일흔 번까지라도"라는 말씀이 생각났습니다. 마태복음 18장 22절의 말씀을 통하여 하나님께서 나의 죄를 용서하셨음을 깨닫게 하셨고, 그 죄에서 완전히 이기게 해주셨습니다.

성경은 단순히 우리 생각을 분별해 줄 뿐 아니라 주님과의 더 깊은 교제를 가능하게 합니다. 하나님께서는 우리에게 항상 성경 말씀을 통해서 말씀하십니다. 그렇기 때문에 성경을 많이 읽고

묵상하는 것과 그렇지 않은 것은 엄청난 차이가 있습니다. 성경을 읽을 때 그냥 읽는 것이 아니라 하나님과 대화하기 위해 성경을 읽고 묵상하는 훈련을 해야 합니다. 하나님 말씀을 많이 알고 깊이 알게 되면 하나님께서 내게 말씀하시는 내용을 더 많이 깨닫게 됩니다. 점점 하나님과 마음을 나누는 깊이 있는 교제가 가능하게 되는 것입니다.

예수원의 대천덕 신부님은 자신이 하나님의 음성을 듣는 방법을 이렇게 소개한 적이 있습니다. 우선 성경 말씀을 가지고 Q.T를 한 다음 "하나님, 제게 말씀해주세요!"라고 기도합니다. 그리고 생각나는 것이 있으면 모두 기록합니다. 그런 다음, 그 생각을 직접 실천해봅니다. 그 결과 하나님께서 주신 생각이면 'O'표, 아니라고 판단되면 'X'표를 합니다. 이런 식으로 해본 결과 시간이 갈수록 'O'표가 많아지는 경험을 하셨다고 합니다. 말씀을 묵상하고, 주님께 묻고, 순종하는 과정을 통해 하나님의 음성을 더 잘 듣게 되었다는 것입니다.

Q. 당신은 성경 말씀을 읽고 묵상하는 생활을 통하여 주님의 음성을 듣고 있습니까?

---------------------------------------------------------

---------------------------------------------------------

---------------------------------------------------------

---------------------------------------------------------

## 2. 꾸준히 기도해야 합니다

사도행전에 나오는 고넬료는 베드로를 알지 못했습니다. 그런데 그가 어떻게 베드로를 청할 수 있었을까요? 베드로는 또 어떻게 이방인이었던 그에게 말씀을 전하고 세례를 줄 수 있었을까요? 기도 중에 지시하시는 주님의 음성을 들었기 때문입니다. 바울이 아시아로 가려는 계획을 포기하고 유럽으로 가서 복음을 전하게 된 것도 기도 중에 주님의 음성을 들었기 때문입니다. 이처럼 주님은 우리가 기도할 때도 말씀하십니다. 그러므로 기도할 때에도 하나님 말씀을 듣는 자세가 필요합니다.

중국의 워치만 니 목사가 병들어 하나님 앞에 고통을 호소하며 "하나님, 제 병을 고쳐 주옵소서."라고 부르짖었습니다. 그러자 "내 은혜가 네게 족하도다"라는 주님의 음성이 들려왔습니다. 그러나 그는 하나님의 음성을 받아들일 수 없어서 계속 몸부림치며 하루 종일 엎드려 기도했습니다. 기도하다가 피곤하여 잠이 들었습니다. 꿈속에서 배를 타고 양자강을 건너는데 엄청나게 큰 바위가 앞에 나타나 더 이상 나아갈 수 없게 되었습니다. 그는 "하나님, 이 배가 지나가게 해주옵소서!"라고 기도했습니다. 그때 하나님의 음성이 들렸습니다.

"내가 바위를 옮겨주랴? 아니면 물이 불어나 배가 지나가게 해주랴?"

그가 "물이 불어나게 해주십시오."라고 대답했습니다. 그러자 순식간에 물이 불어나서 바위를 덮어 강을 무사히 건널 수 있었다고 합니다.

그 꿈을 꾼 후부터 그는 더 이상 자신에게 있는 육체의 가시를 제거해 달라고 기도하지 않고 넘치는 하나님의 은혜를 구했다고 합니다.

## 3. 환경을 주목해 봐야 합니다

환경은 하나님께서 말씀하시는 또 하나의 방법입니다. 우리가 어떤 문제에 대해 고민하며 기도할 때 하나님께서는 주변 환경이나 사람을 통해서도 말씀해 주십니다.

19세기 말 중국 선교사였던 엘리자벳 자일러는 소녀 시절에 선교사로 부르심을 받았습니다. 선교사로 헌신하기 위해 아버지의 허락까지 받은 후 마지막으로 어느 선교회의 테스트를 받게 되었는데 그만 큰 병이 들었답니다. 선교회 사무실 직원들은 선교회를 찾은 그녀의 병색 짙은 얼굴을 보고는 깜짝 놀랐습니다. 그들은 하루 뒤에 면접을 보기로 하고 우선 좀 쉬라고 말한 후 다락방으로 인도하였습니다. 그곳에서 그녀는 내내 절박한 심정으로 기도하였습니다.

"하나님, 정말 저를 부르신 것이라면 저와 함께 계심을 알게 해 주세요."

다락방 문을 열자 침대와 창문이 보이고, 창문 위에 조그만 액자가 하나 걸려 있었습니다. 그런데 그 액자에 다음과 같은 글이 적혀 있었습니다.

"함께 가자!"

그것은 하나님께서 그녀와 동행하신다는 너무나 놀라운 확인이었고 응답이었습니다. 그 음성을 듣는 순간 그녀의 병은 다 나았습니다.

Q. 당신은 환경이나 사람을 통해 하나님의 음성을 들은 경험이 있습니까?

---

---

---

---

주의할 것은 우리가 들었다고 생각하는 것이 하나님의 음성인지를 분별하는 과정을 반드시 거쳐야 한다는 것입니다. 하나님의 음성이 아닌데도 하나님의 음성으로 생각하면 그것은 우리에게 유익보다는 오히려 해가 될 가능성이 있기 때문입니다. 그렇다면 하나님의 음성인지 아닌지를 어떻게 분별할 수 있을까요?

**1) 성경적인지 확인해야 합니다.**

하나님께서 우리에게 개인적인 말씀을 하셨다면 그것은 성경과 반드시 일치해야 합니다. 성경의 저자도 성령 하나님이시고,

우리에게 개인적으로 말씀하시는 분도 성령이시기 때문입니다. 우리가 무엇을 들었든지 성경에 위배되는 것이라면 하나님의 음성이 아닙니다.

### 2) 영적 일치를 통해 분별해야 합니다.

하나님의 뜻은 영적인 일치를 구하는 과정에서 분명히 알 수 있습니다. 하나님의 사람들은 모두 한 성령을 모시고 있기 때문입니다. 어떤 일이 하나님의 뜻이라면 성령께서 가족이나 교우들에게 같은 마음을 주십니다. 그렇기 때문에 가정과 교회가 중요한 것입니다.

한 번은 앞으로 몇 년분의 생활비를 건축헌금으로 작정해 드리기로 아내와 합의했습니다. 그런데 딸들과도 의논해야 함을 깨달았습니다. 그래서 대학생인 큰딸과 초등학생인 작은 딸에게 말했습니다.

"아빠와 엄마가 건축헌금을 작정하려고 한단다. 그렇게 되면 너희에게도 많은 어려움이 있을 거야. 그러니 너희의 허락도 필요하구나. 기도해 보고 결정해 주렴."

작은 딸은 이제 피자를 먹을 수 없는지, 그리고 구체적으로 어떤 것을 못하게 되는지 여러 가지를 물었습니다. 정한 기간이 다 지나고 헌금을 작정할 때가 되었을 때, 딸들이 대답을 했습니다.

"아빠, 그렇게 하세요. 저희도 그렇게 하는 것을 하나님이 기뻐하신다고 믿어요."

### 3) 주위 사람들의 조언에 귀 기울여야 합니다.

하나님의 음성을 듣는 데 있어서 명심할 것은 처음에는 영적으로 성숙한 사람들의 분별과 도움을 받으라는 것입니다. 그렇게 하지 않으면 큰 미혹을 받을 수 있습니다. 누구든지 개인적으로 지도해 주는 영적 지도자가 있어야 합니다. 우리가 잘못하는 것이 있다면 하나님의 눈으로 보고 '그것은 잘못이다.'라고 말해 줄 수 있는 사람을 세워야 합니다.


Q. 당신에게는 영적으로 지도해 줄 사람이 있습니까? 그 사람과의 교제를 통해 어떤 영적 유익이 있는지 써보세요.

----------------------------------------

----------------------------------------

----------------------------------------

----------------------------------------

----------------------------------------

----------------------------------------

# 05 하나님의 음성이 들리지 않을 때

조금 나아가사 얼굴을 땅에 대시고 엎드려 기도하여 이르시되
내 아버지여 만일 할 만하시거든 이 잔을 내게서 지나가게 하옵소서
그러나 나의 원대로 마시옵고 아버지의 원대로 하옵소서 하시고
마태복음 26장 39절

**5과 핵심요약**

❶ 하나님께서 하시는 말씀을
들었을 때, 즉시 "예, 주님!"
이라 말하라.

❷ 우리의 보불이 예수님께 있
다면 예수님의 말씀을 들을
수 있다.

❸ 자아가 죽은 후에 비로소 주
님의 마음을 생생히 느낄 수
있다.

❹ 마귀의 특성을 알고 마귀의
소리를 분별해야 한다.

하나님께서는 우리에게 말씀하십니다. 그런데 왜 우리는 하나님
의 음성을 듣지 못할까요? 그리스도인들이 하나님의 음성을 듣
지 못하는 데는 대략 세 가지 원인이 있습니다.

## 1. 하나님께서 이미 하신 말씀에 불순종했기 때문입니다

우리가 하나님 말씀에 불순종하는 것이 있으면 하나님께서 더
이상 말씀하시지 않습니다. 그래서 하나님의 음성을 듣지 못한다
고 생각하면 기도해야 합니다. "하나님, 제가 불순종한 것이 있습
니까?" 그러면 그것이 무엇인지 정확하게 깨달을 수 있습니다.

어떤 사람은 주님의 뜻을 묻지도 않고 어떤 일을 결정합니다.
기도하면 자신의 뜻과 반대되는 일을 말씀하실까봐 기도도 하지

않습니다. 이것이 우리가 하나님의 인도하심을 받지 못하는 결정적인 이유입니다.

어느 집사가 유흥가에 있는 여관을 경영하면 짭짤한 수입이 있다는 말에 여관을 경영해 볼 마음을 가지고 하나님께 기도를 드렸습니다. 그런데 아무리 기도를 해도 응답이 없고 마음이 불편했습니다. 그래서 저를 만날 때마다 "목사님, 아무리 기도해도 응답이 없습니다."라는 말을 몇 번이고 하는 것입니다. 저는 하나님께서 이미 '안 된다.'라고 말씀하셨음을 깨달았습니다. 그러나 그 집사는 '그렇게 하라.'는 말씀만 듣고 싶었기에 못 들었다고 여기는 것입니다.

**Q. 요한복음 7:17에서 말하는 하나님 말씀을 분별하는 기준은 무엇입니까?**

하나님의 뜻을 행하려고 하는가.

요한복음 7:17
사람이 하나님의 뜻을 행하려 하면 이 교훈이 하나님께로부터 왔는지 내가 스스로 말함인지 알리라

우리는 자신이 듣고 싶은 말이 아니라 하나님께서 하시는 말씀을 들으려고 해야 합니다. 하나님의 말씀을 들으려고 할 때 반드시 선행될 것은 순종하고자 하는 결단입니다. 예수님께서는 "들을 귀 있는 자는 들을지어다"라고 말씀하셨는데 어떤 말씀인지 들어보고 순종할 것인지를 결정하겠다는 것은 들을 귀가 없다는 말입니다.

많은 교인이 하나님 말씀을 그대로 "예!"라고 받아들이기보다는 하나님을 설득하려는 경향을 보입니다. 자신의 뜻과 계획을 포기하려 하지 않습니다. 하나님의 뜻을 겸허히 받아들이기보다는 자신의 뜻을 관철시키고 싶어 합니다. 기도도 하나님을 설득하기 위해서 하는 사람이 있습니다. 그러나 올바른 기도는 하나님께 설득당하는 것입니다.

"술 마시지 마라!"

그러면 "예!"라고 받아들이면 되는데 하나님을 설득합니다.

"인간관계가 깨지잖아요. 그러면 사회생활 못해요."라고 말합니다.

"주일을 거룩하게 지켜라." 하시면 그냥 "예!"라고 순종하면 되는데 "주일예배는 일 년에 52번이나 있지만 계모임은 일 년에 한 번인데…."라고 말합니다.

그리스도인이 함께 쓸 수 없는 두 단어가 있습니다. 그것은 "안 돼요. 주님!"입니다. 당신이 주님께 "안 돼요."라고 말하면 그분은 당신의 주님이 아닙니다. 그분이 진정으로 당신의 주님이시라면 당신의 대답은 언제나 "예!"이어야 합니다. 예수님도 하나님께 기도하실 때 "그러나 나의 원대로 마시옵고 아버지의 원대로 하옵소서"(마 26:39)라고 기도하셨습니다. 예수님께서는 아버지 하나님의 뜻에 대해 언제나 "예"라고만 말씀하셨습니다.

## 2. 세상에 정신을 빼앗겼기 때문입니다

우리의 생각은 한계가 있습니다. 동시에 여러 가지를 집중적으로 생각할 수가 없습니다. 그래서 세상 생각으로 가득 차 있으면 주님을 생각할 수 없고, 주님께서 말씀하셔도 들을 수가 없게 됩니다. 예를 들어 저는 설교 준비에 집중하면 아무 말도 귀에 들어오지 않을 때가 있습니다. 우리 아이들도 텔레비전이나 컴퓨터에 정신이 팔리면 옆에서 무슨 말을 해도 듣지 못할 때가 있습니다. 그럴 때 우리는 "너 어디다 정신 팔고 있니?"라고 말하기도 합니다.

당신은 요즘 어디에 정신 팔고 있습니까? 우리가 주님의 말씀을 듣지 못하는 이유는 관심과 생각이 주님이 아닌 다른 곳에 있기 때문입니다. 세상에 정신을 두고 살기 때문입니다.

고 이중표 목사는 유학을 하고 박사학위를 얻지 못한 열등감이 있었다고 합니다. 그래서 하버드대학에 갔을 때 채플에서 "주님, 제 손자는 이 대학에 다닐 수 있게 해 주소서!"라고 기도했다고 합니다. 그러자 주님께서 대답하셨습니다.

"나도 이 대학 못 나왔다!"

그 한마디에 평생 열등감이 모두 치유되었고 다시는 학위가 문제 되지 않았다고 합니다. 자신의 관심과 생각이 학위에 있으니까 주님의 음성을 듣지 못했다가 주님의 음성을 듣고 나니 문제가 다 사라졌다고 했습니다.

예수님께서는 "네 보물 있는 그곳에는 네 마음도 있느니라"(마 6:21)고 말씀하셨습니다. 당신의 보물은 어디에 있습니까? 만일 당신이 보물을 예수님께 두었다면 당신은 예수님의 말씀을 들을 수 있을 것입니다.

Q. 당신이 요즘 가장 많이 하는 생각과 집중하고 있는 것은 무엇입니까?

-------------------------------

-------------------------------

-------------------------------

-------------------------------

## 3. 우리 안에 다른 소리를 방치하고 있기 때문입니다

기계들이 요란하게 돌아가는 공장에서는 다른 사람의 말소리가 잘 들리지 않습니다. 하나님의 음성이 잘 들리지 않는 것도 같은 원리입니다. 우리 안에는 하나님의 음성 외에 다른 소리들이 들리는데 그것을 차단하지 않고 방치하기 때문에 하나님의 음성을 듣지 못하는 것입니다. 우리 안에 있는 다른 소리들은 자아의 소리와 마귀의 소리입니다.

그러면 우리가 하나님의 음성을 잘 듣기 위해서는 어떻게 해야 할까요?

**첫째, 자아의 소리를 차단해야 합니다.**

4단원에서 배운 것처럼 자아가 죽어야 합니다. "주님, 저는 죽었습니다. 제게 말씀해 주십시오!" 하는 고백이 필요합니다. 우리가 자아의 죽음을 인정하면 자아에서 나오는 소리와 원망, 두려움, 미움, 조급함, 고집 등은 사라집니다. 가정이나 교회에서 더 이상 '내가' 문제가 안 되면 문제될 것이 없습니다. 성공도 실패도 칭찬도 비난도 다 끝입니다. "안 돼요, 못해요." 하는 말도 하지 않게 됩니다. 아무리 마음에 쓴 뿌리가 있고 염려와 두려움이 커도 자아가 죽으면 평안과 사랑을 갖게 됩니다.

자아가 죽은 후에 비로소 가정을 향한 주님의 마음, 교회를 향한 주님의 마음, 나라와 민족을 향한 주님의 마음을 생생히 느낄 수 있게 됩니다. 이것이 주님의 음성을 듣는 것입니다.

**둘째, 마귀의 소리를 차단해야 합니다.**

하나님께서도 마음의 생각으로 말씀하시지만 마귀 역시 마음의 생각으로 우리에게 음성을 들려줍니다. 마귀의 특성을 알면 마귀의 소리를 분별할 수 있습니다. 마귀는 교만한 자입니다(사 14:12~17). 어떤 식으로든 자신을 자랑하고 드러내라는 음성을 듣는다면 그것은 마귀로부터 온 음성입니다. 마귀는 참소하는 자입니다(계 21:10). 다른 사람들을 판단하고 정죄하는 마음도 마귀로부터 온 것입니다. 마귀는 거짓의 아비입니다(요 8:44). 다른 사람을 속이고, 부정한 방법을 써서라도 성공해야 한다는 생각이 든다면 그것도 마귀로부터 온 음성입니다.

마귀는 분열과 다툼의 영입니다. 자기가 생각하기에 옳은 것처럼 보일지라도 그것이 공동체 안에서 분열과 다툼을 일으킨다면 그 생각은 분명히 마귀로부터 온 것입니다. 성령의 음성은 한결같고 부드럽습니다. 다른 사람들과 화합하고 하나 되게 만듭니다. 그러나 마귀의 음성은 충동적이고 일관성이 없습니다. 결국 분열하게 만듭니다.

그러므로 이런 음성들이 들린다면 우리는 마귀의 소리임을 깨닫고 대적해야 합니다.

"예수 그리스도의 이름으로 너를 꾸짖는다. 사탄아, 내게 말하지 말고 떠나라!"

그런즉 너희는 하나님께 복종할지어다 마귀를 대적하라 그리하면
너희를 피하리라 약 4:7

마귀가 생각을 통해 역사한다는 것을 안다면 생각으로 지은 죄를 회개해야 합니다. 생각으로 주님을 대적하고, 외면하고, 무시하고, 악한 영을 허용했던 일들을 회개해야 합니다. 하나님의 선하심을 의심하고 낙심을 품었던 일들을 회개해야 합니다. 그리고 말씀으로 들려주시는 주님의 음성에 감사해야 합니다.

Q. 당신이 하나님의 음성을 듣지 못했다면, 그 이유가 무엇인지 써보세요.

------------------------------------------------------------

------------------------------------------------------------

------------------------------------------------------------

------------------------------------------------------------

------------------------------------------------------------

------------------------------------------------------------

# 소그룹
# 나눔 | 인도자용

| | |
|---|---|
| **마음열기**<br>**(8분)** | • 찬양 : 주는 나를 기르시는 목자(570장), 주님 말씀하시면<br><br>• 기도 : 미리 정해진 순서에 따라 모임을 위해 기도합니다. |
| **과제점검**<br>**(2분)** | • 출석체크, 예습, Q.T여부, 기도생활<br><br>• 성경암송 점검 – 요한복음 10:27<br><br>　내 양은 내 음성을 들으며 나는 그들을 알며<br><br>　그들은 나를 따르느니라 |
| **도입질문 및**<br>**각 과별 진행**<br>**(100분)** | Q. 주님의 음성을 듣고 싶었던 때가 언제였는지 나누어주세요.<br><br>　또 주님의 음성이라고 생각되었던 경험이 있다면 함께 나누어주세요. |

# 01
## 열심보다 중요한
## 순종

**Q. 여러분은 하나님께서 보실 때 말 잘 듣는 자입니까? 말 안 듣는 자입니까?**

○ 순종에 대한 내용이지만 초점은 주님과의 교제, 즉 주님의 음성을 듣는 것에 있습니다. 순종이라는 것은 주님과 교제하며 주님의 음성을 듣는다는 것을 전제하지 않고는 불가능한 것입니다. 순종이 내포하고 있는 주님과의 교제에 초점을 맞추어 답하게 하십시오.

**핵심 요약**
열심히 하는 것은 좋지만 예수님과의 교제 없는 열심이 시험거리를 만들기도 합니다. 주님의 사역보다 앞서야 할 것이 주님과의 교제입니다. 그 교제를 통해 예수님을 인격적으로 알고 나면 열심보다도 더 중요한 것이 주의 음성을 듣고 순종하는 것임을 알게 됩니다.

# 02
# 하나님의 음성을
# 듣지 못하는 이유

◑ 성령의 내적인 음성을 듣고도 하나님의 음성인줄 모르고 그냥 지나친 적은 없었는지 묻는 질문입니다. 비슷한 성격의 질문이 3과에도 있습니다. 성령의 근심과 책망에 대해서는 그곳에서 더 자세하게 나눌 수 있습니다.

**Q. 여러분은 하나님의 음성을 듣고도 듣지 못했다고 여긴 적은 없었습니까?**

_____

_____

_____

_____

_____

◑ 교재에 나오는 하나님의 음성을 듣지 못하는 세 가지 이유를 명확하게 이해했는지 점검해야 합니다.

**Q. 여러분이 하나님의 음성을 잘 듣기 위해서 지금 실천할 수 있는 것은 무엇입니까?**

_____

_____

_____

_____

_____

핵심
요약

하나님은 말씀하시는 분이십니다. 그런데 우리가 듣지 못하는 것은 불신앙과 불순종 때문입니다. 구체적으로 하나님의 음성을 듣지 못하는 이유는 첫째, 하나님의 음성을 들을 수 있다고 믿지 않기 때문입니다. 둘째, 하나님의 음성을 듣는 훈련을 받지 못했기 때문입니다. 마지막으로 늘 주님을 의식하고 주님께 귀를 기울이지 않기 때문입니다.

# 03
# 하나님의 음성을
# 어떻게 듣는가?

Q. 최근에 하나님의 책망이라고 느낄 만한 어떤 생각이 있었습니까?

------

------

------

------

> ○ 생각 속에서 일어나는 어떤 갈등, 경고와 책망을 느낀 적이 있다면 그것이 바로 하나님의 음성이었음을 설명해주십시오.

Q. 요즘 마귀가 여러분의 생각을 통해 어떻게 역사하고 있습니까? 주님은 여러분에게 어떤 마음을 주시는 것 같습니까? 생각나는 것이 있다면 써 보세요.

------

------

------

------

> ○ 성령께서 생각을 통하여 말씀하시지만 이 사실만 강조하면 모든 생각이 하나님의 음성이라는 착각을 불러일으킬 수 있습니다. 생각이라고 해서 다 하나님의 음성은 아니며, 분별 과정이 꼭 필요하다는 것을 강조해야 합니다.

---

**핵심 요약** 하나님의 음성은 육성으로 듣는 것이 아니라 생각으로 듣는 것입니다. 성령께서 우리의 생각을 통해 역사하십니다. 문제는 마음 안에 일어나는 모든 생각이 다 성령께서 주신 것은 아니라는 사실입니다. 하지만 성령께서 주시는 생각은 조금만 신중하면 알 수 있습니다.

323

# 04
# 하나님의 음성을
# 잘 듣는 방법

◐ 성경 말씀을 읽고 묵상하는 것의 중요성은 아무리 강조해도 지나침이 없습니다. 말씀을 읽지 않고 묵상하지 않으면서 하나님의 음성을 듣는 삶을 산다는 것은 거의 불가능합니다. 말씀 읽기와 묵상의 중요성을 강조하고 지금까지 그렇게 해오지 못했다면 이번 기회에 시작할 것을 도전하십시오.

Q. 여러분은 성경 말씀을 읽고 묵상하는 생활을 통하여 주님의 음성을 듣고 있습니까?

--------------------------------

--------------------------------

--------------------------------

--------------------------------

--------------------------------

◐ 하나님께서는 기록된 성경으로도 말씀하시지만, 어떤 개인을 대상으로 그 사람의 구체적인 상황과 관련하여 말씀하시기도 합니다. 그러나 이것도 분별 과정이 반드시 필요한데, 질문 이후로 그 분별의 문제를 다루고 있습니다. 질문에 대한 대답을 함께 나눈 후에, 분별하는 방법을 강조해주십시오.

Q. 여러분은 환경이나 사람을 통해 하나님의 음성을 들은 경험이 있습니까?

--------------------------------

--------------------------------

--------------------------------

--------------------------------

--------------------------------

**핵심 요약**　첫째, 성경 말씀을 많이 읽고 묵상해야 합니다. 둘째, 꾸준히 기도해야 합니다. 셋째, 환경을 주목해야 합니다. 여기서 중요한 것은 성경적인지 확인하고 영적 일치가 일어나는지 분별해야 합니다. 그리고 영적으로 성숙한 사람들의 분별과 도움을 받아야 합니다.

# 05
# 하나님의 음성이
# 들리지 않을 때

Q. 여러분이 하나님의 음성을 듣지 못했다면, 그 이유가 무엇인지 써보세요.

❂ 어디에 정신을 빼앗기고 있는지 점검하는 질문입니다. 관심과 생각이 어디에 있는지 생각해보고, 예수님께 집중하도록 강조하십시오.

--------------------------------------------

--------------------------------------------

--------------------------------------------

--------------------------------------------

--------------------------------------------

--------------------------------------------

--------------------------------------------

--------------------------------------------

--------------------------------------------

--------------------------------------------

**핵심 요약** 하나님의 음성을 듣지 못하는 원인이 세 가지 있습니다. 첫째, 하나님께서 이미 하신 말씀에 불순종했기 때문입니다. 둘째, 세상에 정신이 빼앗겼기 때문입니다. 셋째, 우리 안에 다른 소리를 방치하고 있기 때문입니다. 다른 소리인 자아의 소리와 마귀의 소리를 차단해야 합니다.

**마무리**
**(10분)**

1. 함께 기도하기

   • 개인 기도제목을 나눕니다.

   • 인도자가 단원 주제에 맞는 기도제목을 제시하고

     개인 기도제목과 함께 기도합니다.

   • 인도자가 마무리 기도하고 주기도문으로 마칩니다.

2. 광고

   • 다음 모임에 대한 안내와 다음 주 공부할 단원을 짧게 소개합니다.

   • 성경암송 과제는 마태복음 7:7-8 입니다.

예수님과 동행하는 삶으로 인도하는 제자훈련

# 예수님의 사람 1 ㅣ 인도자용

**초판 1쇄 발행** 2020년 4월 29일
**초판 8쇄 발행** 2023년 8월 11일

**지은이** 유기성

**기획·편집** 김순덕 유지영
**디자인** 브릿지제이

**펴낸곳** 도서출판 위드지저스
**등록번호** 제251-2021-000163호
**주소** 경기도 성남시 분당구 하오개로344번길 2, 2층(운중동)
**전자우편** wjp@wjm.kr ㅣ **디자인** bridgej824@gmail.com
**전화** 031-759-8308 ㅣ **팩스** 031-759-8309

Copyright ⓒ 유기성, 2020, Printed in Korea

ISBN 979-11-968130-6-2 04230
ISBN 979-11-968130-5-5(세트)